タカラヅカの解剖図鑑
詳説日本史

文／中本千晶
イラスト／牧彩子
監修／藤田憲宏（高校世界史担当社会科教諭）

X-Knowledge

はじめに

「日本物」の果てなきループへようこそ

日本史を学ぶことで、タカラヅカの「日本物」の魅力をより深く味わおう！というのがこの本の目指すところである。タカラヅカでは『ベルばら』や『エリザベート』だけではない、日本の様々な時代を舞台にしたミュージカルも上演される。これが「日本物」だ。これほど多彩な日本物を上演している劇団はタカラヅカしかないのだから、大いに観るべし！と私は思っている。

そんなわけで『タカラヅカの解剖図鑑 詳説世界史』の続編としてこの本を企画したのだが、正直に告白すると私、世界史に比べると日本史は苦手であった。何せ細かい、漢字が難しい…だったらやめておけばという話なのだが、それでも私はこの本をつくりたかった。つまり、この本はひとえに「日本物」への愛ゆえに生まれた一冊である。

ところが、不思議なことにこの本を作っていく過程で、苦手意識が払拭されていった。それどころか、この本のおかげで日本史の面白さに目覚めてしまった。

それはおそらく、この本では「タテの流れ」を特に意識してつくっていったからではないかと思っている。日本という一つの国の歩みを見ていくわけだから、そこには過去から現在に至る大きな一つの流れがある。そこが世界史とは違うところだ。その流れの中で、たとえば政治における権力構造はどう変化してきたのだろう？　土地所有の制度は？　外交関係は？　仏教の在り方は？　はたまた舞台芸術の歴史は？　こうして「タテの流れ」をたどる面白さは、世界史にはない、日本史ならではのものだ。

　タカラヅカ作品の登場人物たちも、こうした「タテの流れ」の中に息づく人たちだ。この本をつくる過程で、そのことが分かってきた。つまり、この本でやったことは、タカラヅカ作品の中の愛すべき登場人物たちの生き方を「タテの流れ」の中で再確認する作業でもあった。すると、歴史のうねりの中で、それぞれの役割をまっとうしようとする登場人物たちが愛おしく思えてきた。結果として「日本物」の奥行きは広がり、ますます面白くなってしまった。そして、さらに深みにハマってしまった…という次第である。

　「日本物」のおかげで「日本史」の面白さに目覚め、そこからさらに「日本物」の奥深さに気づいてしまった私。一人でも多くの皆さんが、そんな私と同じようなループに入り込んで「日本物」沼にハマることを密かに願っている。

002 はじめに

序章 詳説日本史的タカラヅカ入門

008 ときめく愛の表現
010 人情味あふれる絆
012 舞踊シーンの魅力
014 作品ゆかりの地を訪ねる

第一章 タカラヅカで学ぶ 弥生・古墳時代

018 【時代の解説】まつろわぬ民がいた時代　言葉が国家を強くした
020 【年表】弥生・古墳時代×タカラヅカ
022 『邪馬台国の風』に学ぶ 女王・卑弥呼の謎
024 『月雲《つきぐも》の皇子《みこ》』に学ぶ ヤマトの国のはじまり
026 その頃、世界では？
027 衣装解剖図鑑
028 第一章の関連作品

第二章 タカラヅカで学ぶ 飛鳥・奈良時代

030 【時代の解説】中央集権国家から権力闘争へ
太平のために大仏が建てられる

032 【年表】飛鳥・奈良時代×タカラヅカ
034 『飛鳥夕映え』に学ぶ 蘇我《そが》氏の勢力拡大と滅亡
036 【この人に注目！】大化の改新を主導した中臣《なかとみの》（藤原）鎌足《かまたり》
038 『あかねさす紫の花』に学ぶ 律令国家の成立
040 【四コマ図解】飛鳥・奈良時代の権力闘争
042 タカラヅカ作品の登場人物でたどる皇族／藤原家の系図
044 その頃、世界では？
045 衣装解剖図鑑
046 第二章の関連作品

第三章 タカラヅカで学ぶ 平安時代

050 【時代の解説】権謀術数の渦巻く宮中 国風文化が花開く
052 【年表】平安時代×タカラヅカ
054 『阿弖流為 ―ATERUI―』に学ぶ 蝦夷《えみし》との戦い
056 【四コマ図解】藤原北家が権力を握る過程
058 『応天の門』に学ぶ 摂関政治
060 【四コマ図解】武士の台頭へ
062 その頃、世界では？
063 衣装解剖図鑑
064 第三章の関連作品

第四章　タカラヅカで学ぶ　鎌倉時代

068　【時代の解説】武士が支配し、世は乱れた　人びとは嘆き仏にすがる
070　【年表】鎌倉時代×タカラヅカ
072　『義経妖狐夢幻桜《よしつねようこむげんざくら》』に学ぶ　鎌倉幕府の成立
074　【四コマ図解】『義経妖狐夢幻桜』と『桜嵐記』の間に何が起こったのか？
076　タカラヅカで学べない日本史1　日本における仏教の歴史
078　その頃、世界では？
079　衣装解剖図鑑
080　第四章の関連作品

第五章　タカラヅカで学ぶ　室町時代

082　【時代の解説】南と北に分かれた国を統一し　能楽の文化が花開く
084　【年表】室町時代×タカラヅカ
086　『桜嵐記《おうらんき》』に学ぶ　南北朝の対立と室町幕府の成立
088　『更に狂はじ』『睡《ねむ》れる月』に学ぶ　権力と芸能
090　タカラヅカで学べない日本史2　応仁の乱から戦国時代へ
092　その頃、世界では？
093　衣装解剖図鑑
094　第五章の関連作品

第六章　タカラヅカで学ぶ　戦国・安土桃山時代

096　【時代の解説】戦乱の世を舞台に信長、秀吉、家康が順番に天下人《トップスター》に就任
098　【年表】戦国時代×タカラヅカ
100　『NOBUNAGA〈信長〉－下天の夢－』に学ぶ　戦国時代と織田信長の覇権
102　【この人に注目！】戦国武将オールスター名鑑
104　【四コマ図解】信長・秀吉・家康の天下統一リレー
106　その頃、世界では？
107　衣装解剖図鑑
108　第六章の関連作品
110　タカラヅカ作品に登場する征夷大将軍

第七章　タカラヅカで学ぶ　江戸時代

114　【時代の解説】独自の文化が花開く　絢爛豪華な町人たちの時代
116　【年表】江戸時代×タカラヅカ
118　『夢現無双』『柳生忍法帖』に学ぶ　最後の剣豪たち
120　『MESSIAH《メサイア》－異聞・天草四郎－』に学ぶ　島原の乱
122　【四コマ図解】鎖国とキリスト教禁止令
124　『元禄バロックロック』に学ぶ　徳川綱吉と生類憐みの令
126　『星逢一夜』に学ぶ　享保の改革

128 【四コマ図解】江戸の人々の暮らし
130 『出島小宇宙戦争』に学ぶ 幕末前夜
132 【四コマ図解】『忠臣蔵』はどう描かれてきたか？
134 『心中・恋の大和路』『近松・恋の道行』に学ぶ 近松門左衛門の名作
136 【四コマ図解】落語とタカラヅカ
138 その頃、世界では？
139 衣装解剖図鑑
140 第七章の関連作品
142 タカラヅカで学べない日本史3 歌舞伎の誕生と洗練

第八章 タカラヅカで学ぶ 幕末〜明治・大正・昭和

046 【時代の解説】サムライの国から自由の国へ、そして戦争へ 万華鏡のような激動の時代
148 【年表】幕末〜明治・大正・昭和時代×タカラヅカ
152 【四コマ図解】戊辰戦争と明治維新
154 【この人に注目！】幕末有名人カタログ
156 『桜華に舞え』に学ぶ 西南戦争への道
158 『舞姫』に学ぶ 富国強兵の時代
160 【四コマ図解】大正期の文化と宝塚少女歌劇の誕生
162 『黎明《れいめい》の風』に学ぶ 終戦からサンフランシスコ平和条約へ
164 タカラヅカで学べない日本史4 戦争とタカラヅカ
166 その頃、世界では？
167 衣装解剖図鑑
168 第八章の関連作品
170 タカラヅカ作品に登場する総理大臣

妄想劇場
047 魏志倭人伝の時代をタカラヅカで上演するなら？
048 仏教界の巨星・最澄と空海が主人公になるなら？
066 ダークヒーロー陰陽師・蘆屋道満が主人公になるなら？
112 戦場に散った花将軍・北畠顕家が主人公になるなら？
144 幕末志士たちの教育者・吉田松陰が主人公になるなら？
171 宝塚歌劇の創始者・小林一三が主人公になるなら？

173 あとがき

ブックデザイン：細山田光宣＋川畑日向子（細山田デザイン事務所）
米倉英弘（米倉デザイン室）

序章

詳説日本史的
タカラヅカ入門

ここではタカラヅカの日本物の魅力を、
4つの観点から解説してみました。
日本物ならではの珠玉の味わい、奥深さを
堪能するための道標となりますように。

ときめく愛の表現

多くを語らず、でも互いの心が痛いほどわかる…
それが日本物の恋愛シーンの魅力だ。

想いを胸に、それぞれの道を

天野晴興《あまのはるおき》と泉《せん》、源太は幼なじみであったが、源太は貧しさの中で一揆を起こし、幕府の重臣となった晴興はこれを鎮圧する立場に。源太は晴興の手にかかって死に、一揆は終息したが、晴興は領民らの命を救うため自ら流罪となる。

晴興と泉は村の思い出の場所で再会した。逃げて欲しいという泉に、晴興は言った。「ならば、一緒に行くか？　生涯でたったひとつの願いを、お前は叶えてくれるか?」。だがすぐに「からかっただけじゃ。お前は、この里で生きる」と、ひとり去っていく。そして、晴興は流刑地に向かい、泉は村で子どもたちと共に生きていくのだった。

『星逢一夜』より

天野晴興
三日月藩藩主の跡取り

泉
三日月村の娘。晴興と想いを寄せ合うが、源太の妻となる。

強引な愛の告白に、抗えない心

大海人皇子《おおあまのみこ》と額田女王《ぬかたのおおきみ》は結婚し、子どもも生まれ、仲睦まじく暮らしていた。ところが、額田に中大兄皇子《なかのおおえのみこ》が突然の告白をする。「私はそなたに恋してしまった。これはどうにもならないことなのだ」。大海人皇子は兄の所業を断固として拒否するが、中大兄皇子は追い討ちをかけるように言う。「額田は今、どう思っているかな。心の奥をさらしてみよ」…額田は、動揺する心を隠せない。

『あかねさす紫の花』より

大海人皇子
中大兄皇子の弟。後の天武天皇

額田女王
万葉の歌人。大海人皇子の妻

中大兄皇子
大化の改新の立役者。後の天智天皇。

巡り巡って、ようやく

互いに思いを寄せ合っていたはずなのに、一度はそれぞれ別の人と一緒になった幸次郎とお光。紆余曲折を経て、互いに一人身となった二人が川霧の橋で再び出会う。童心に返り、お光に蛍を取ってやる幸次郎。そして、幸次郎はお光に言うのだった。「もう、どこにも行くな!」

『川霧の橋』より

幸次郎
杉田屋の若棟梁

お光
研ぎ職人・源六の孫娘

お蘭
吉良側の刺客。大石内蔵助暗殺の密命を帯びる。

大石内蔵助
赤穂浪士を率い、主君・浅野内匠頭の仇討ちを密かに計画している。

敵意が恋に変わるとき

刺客のお蘭は大石内蔵助《おおいしくらのすけ》の懐の深さと温かさに触れる中で、次第に心惹かれていく。大石ら赤穂浪士は吉良の茶会が直前に中止されたことを知り難を逃れるが、この重要な情報を伝えたのは他ならぬお蘭であった。だが、吉良側にそのことが知れ、お蘭は斬られる。

『忠臣蔵 ー花に散り雪に散りー』より

禁断の恋ほど燃え上がる

今をときめく藤原氏の娘である高子《たかいこ》は、帝へ入内し皇子を産むことが望まれていたが、在原業平《ありわらのなりひら》と禁断の逢瀬を重ねていた。高子の兄・基経《もとつね》はこれを阻むため高子を幽閉する。だが、ある日、業平はついに高子を奪い去った。二人は束の間の幸せな時を過ごすが…。

『花の業平』より

藤原高子
朝廷で権力を握る藤原良房の娘

在原業平
歌人としても知られる美貌の貴公子。『伊勢物語』の主人公でもある。

人情味あふれる絆

紆余曲折があっても決して揺らがない固い絆が、日本物の熱いドラマを生み出す。

兄弟の絆

木梨軽皇子《きなしかるのみこ》と穴穂皇子《あなほのみこ》はかつて仲の良い兄弟であったが、木梨は流刑の身となり、穴穂が皇位を継いでいる。木梨は土蜘蛛と呼ばれる人々を率いてヤマト朝廷に攻め上り、ついに穴穂との一騎打ちとなる。弱る木梨に穴穂はとどめを刺す。だが、死にゆく木梨を穴穂が抱き抱えるとき、かつて仲の良い兄弟であった頃の絆がよみがえる。涙する穴穂に対して、木梨は幼いころの二人の「勇気の誓い・涙が止まるおまじない」をやろうと手を差し伸べる。そして木梨は息絶えるのだった。

『月雲の皇子』より

穴穂皇子

允恭《いんぎょう》天皇の第三皇子

木梨軽皇子

允恭天皇の第一皇子

主従の絆

吉野の南朝。満開の桜の中、高師直《こうのもろなお》らとの「四條畷《しじょうなわて》の戦い」に出陣する楠木正行《くすのきまさつら》は、すでに死を覚悟していた。だが、正行を見送る南朝の後村上天皇は、それでも正行に言う。「戻れよ!」

『桜嵐記』より

後村上天皇

吉野の南朝の天皇

楠木正行

楠木正成の長男。南朝の武将の要

友情の絆

幼馴染であった幸蔵と次郎吉。だが、再会した時、二人はまったくの別世界を生きていた。次郎吉は幸蔵を江戸に連れて帰ろうとするが、幸蔵はもう帰れないのだと言う。

川向こうでの喧嘩に巻き込まれた次郎吉が刺されてしまった。虫の息の中、次郎吉はかつて幸蔵と交わした約束について告白する。「てめえの力で生きていける道を一緒に探そうって…おら、約束は忘れちゃいない」。幸蔵は「俺が江戸に連れて行ってやる!」と次郎吉に肩を貸す。かつての絆をようやく取り戻した二人は、一緒に歩き出すのだった。

『月の燈影』より

幸蔵
江戸にいられなくなった者たちが行き着く「川向こう」の通り者を仕切っている

次郎吉
江戸の火消し

親子の絆

忠兵衛の故郷、新口村にて。通りかかった忠兵衛の父、孫右衛門の下駄の鼻緒が切れたため、梅川が駆け寄って修繕を申し出る。その細く美しい手を見た孫右衛門は、この女性こそが息子を溺れさせた女だと悟った。孫右衛門は梅川に「どうか生きて欲しい」と伝えるが、忠兵衛には会おうとしない。この様子を物陰から見ていた忠兵衛は、ただ涙するほかはないのだった。

『心中・恋の大和路』より

忠兵衛
追われる身となり、故郷の新口村に落ち延びる

孫右衛門
亀屋に養子に出した忠兵衛の実の父

梅川
禁断の封印切りによって忠兵衛に身請けされる

舞踊シーンの魅力

オーケストラに合わせて大人数で踊る場面は、日本物独自の見どころだ。

チョンパ 『新源氏物語』より

拍子木の音とともに舞台が明るくなり、出演者全員が居並んで華やかに幕を開ける演出のことを「チョンパ」という。「チョン」は拍子木の音、「パ」は照明がつく瞬間を表しているといわれる。思わず観客からいっせいに歓声が上がる、日本物ならではの演出だ。

祭りの場面 『鴛鴦《おしどり》歌合戦《うたがっせん》』より

日本物においては、物語の途中でしばしば祭りの場面が織り込まれる。想いを寄せ合う二人にとってのひとときの幸せの時間となることも多い。さまざまな衣装を着た人があちこちで小芝居をしていたり、小道具が面白い店がずらりと並んでいたりと、見どころが多く、目が足りなくなりそうだ。

日本民俗舞踊シリーズ 『火の島』より

タカラヅカでは「郷土芸能研究会」が1958年〜78年の間、日本各地の民俗舞踊に取材し「民俗舞踊シリーズ」14作品を上演していた。中でも1961年、鹿児島県南部や奄美大島、種子島の芸能を題材とした『火の島』は芸術祭賞を受賞した代表作だ。こうした試みは今の日本物にも活きているに違いない。

ひとりで踊る 『夜明けの序曲』より

タカラヅカの日本物における舞踊はテンポの速い群舞である場合が多い。だが、ひとりでじっくり踊りを見せることもある。『夜明けの序曲』におけるモルガンお雪の舞いはその代表例で、主人公の二人はこの踊りに心動かされ、日本でやり直す決意をする。

毛振り 『Samourai《サムライ》』より

歌舞伎で『鏡獅子』など獅子が出てくる舞踊において、長い毛を勇壮に振り回すさまを「毛振り」といい、見せ場となっている。タカラヅカにもこの「毛振り」を見せる作品がある。タカラジェンヌが長い毛を見事に回転させて見せるさまは感動的だ。

作品ゆかりの地を訪ねる

作品にちなんだ場所を実際に訪れてみるのも、日本物ならではの楽しみ方だ。

四條畷《しじょうなわて》神社／楠木正行の墓

『桜嵐記』より

四條畷神社は『桜嵐記』の主人公、楠木正行を祀った神社だ。父・楠木正成が湊川の戦いに出陣する際に、息子の正行と対面する「桜井の別れ」の石像もある。参道を神社とは逆方向に進んだ突き当りには、正行公の御墓所もあり、『桜嵐記』を偲びながら巡るにはぴったりのコースとなっている。

〈アクセス〉
大阪府四條畷市
JR学研都市線「四条畷駅」より徒歩約20分

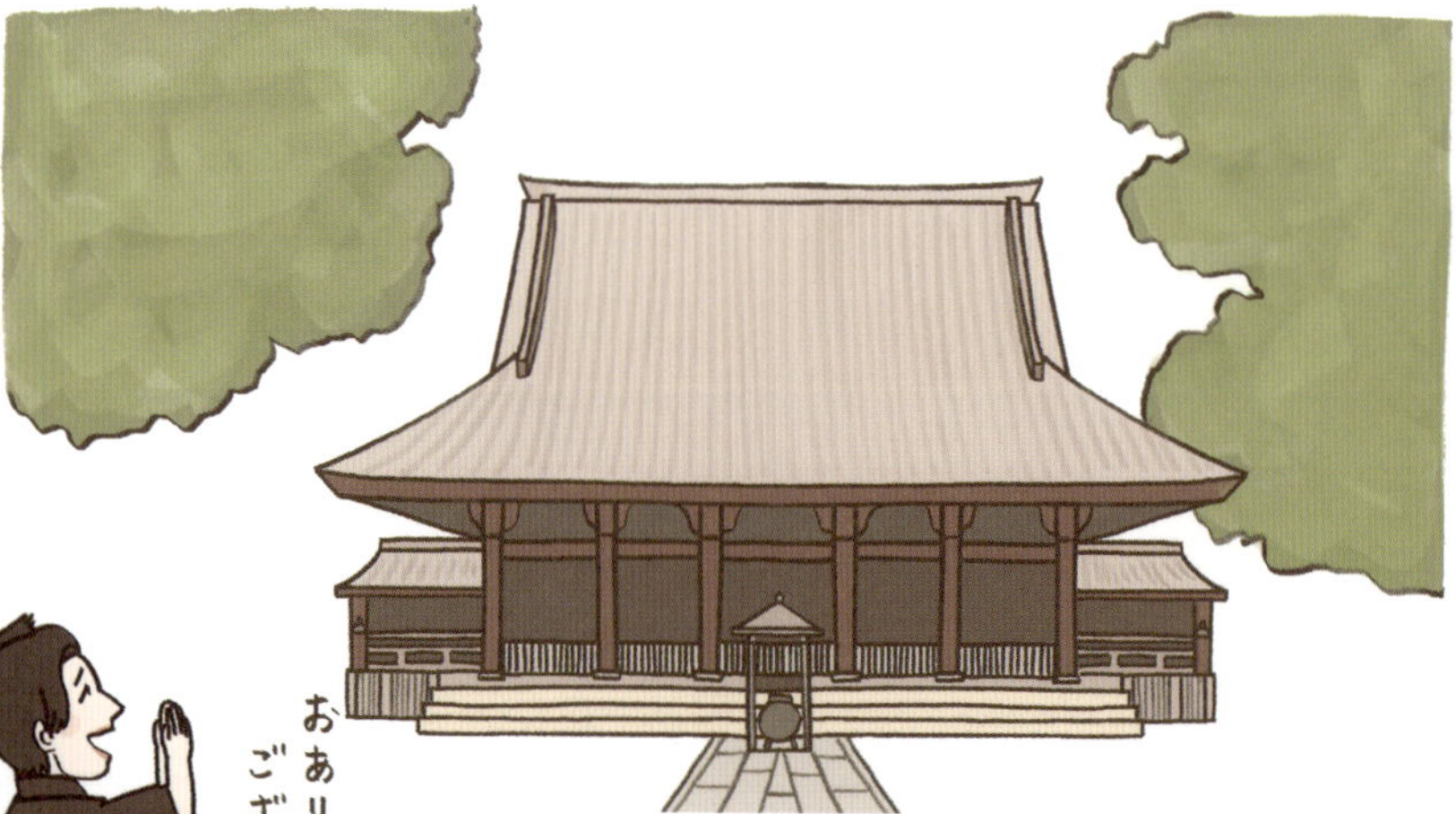

壬生寺《みぶでら》

『星影の人』『誠の群像』『壬生義士伝』より

壬生寺は991年に創建された、律宗の寺だが、新撰組ゆかりの地としても知られる。結成当初の新撰組は、京都の壬生に屯所を置いていた。壬生寺は兵法訓練所として使われ、ここで武芸の鍛錬が行われていた。寺の境内にある池の中の島は「壬生塚」と呼ばれ、近藤勇ほか11人の新撰組隊士の墓もある。

〈アクセス〉
京都府京都市中京区
阪急電車「大宮駅」より
徒歩約10分

神泉苑《しんせんえん》 『応天の門』より

『応天の門』にて「魂鎮めの祭」が行われ、菅原道真が慣れない踊りを披露した場所がこちら。もともとは794年、桓武天皇によって造営された、泉や小川、小山や森林など自然を取り込んだ大規模な庭園であった。その後、江戸時代の二条城築城などにより縮小し、現在の庭園はその一部である。

〈アクセス〉
京都府京都市中京区
地下鉄東西線「二条城前駅」より
徒歩約2分

阿弖流為《あてるい》の首塚 『阿弖流為』より

蝦夷《えみし》の族長・阿弖流為と、彼の軍師的な存在であった母礼《もれ》。二人は朝廷との戦いの末に降伏したが、敵将・坂上田村麻呂の助命嘆願も聞き届けられず、処刑された。枚方市の片埜神社の隣にある牧野公園内には「阿弖流為と母礼の塚」が建てられている。

〈アクセス〉
大阪府枚方市
京阪本線「牧野駅」より徒歩約5分

本書の取扱説明書

各章の時代

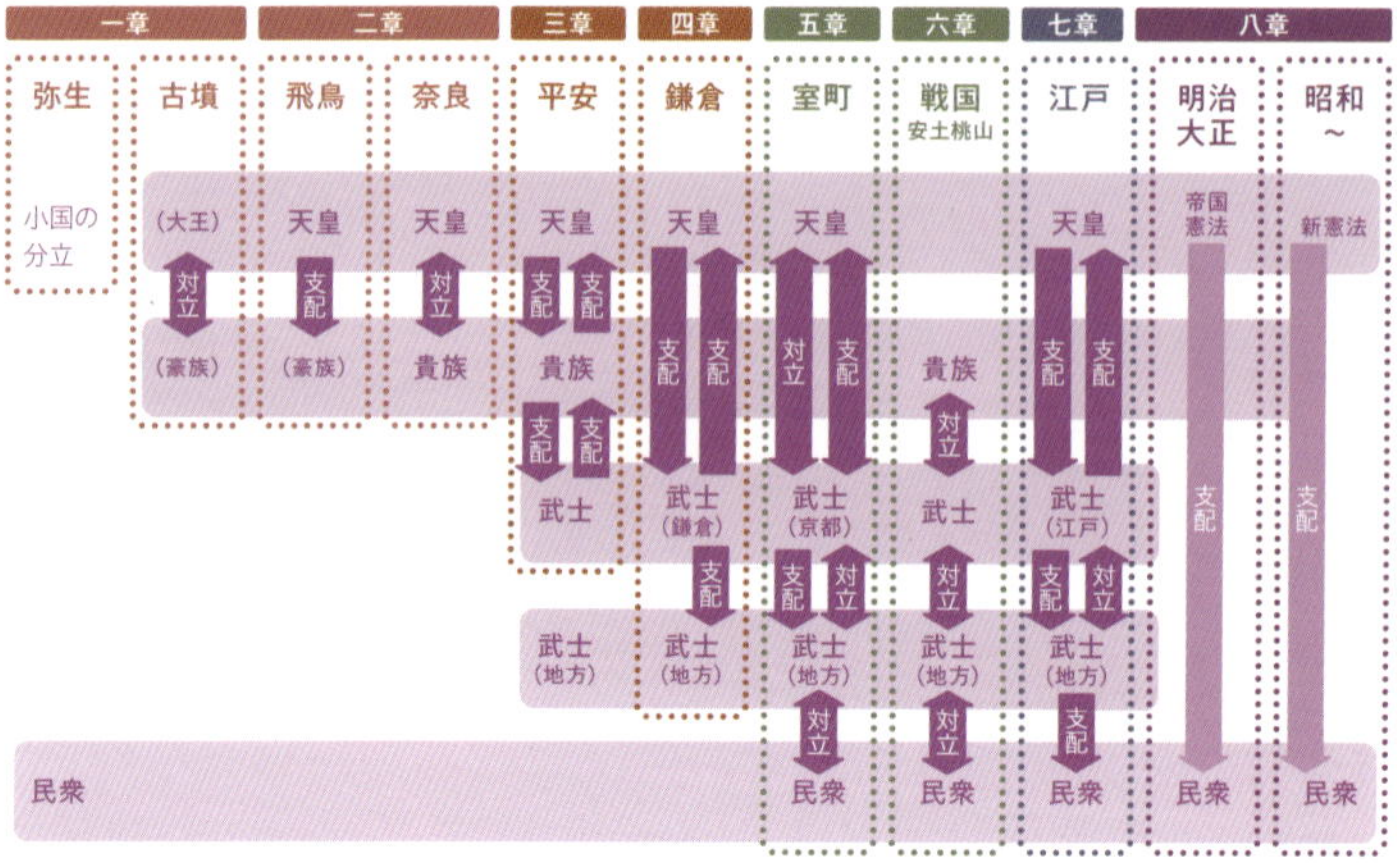

各章の扉に入っている図は「時代ごとの権力者の推移」を示しています。

各章の構成

❶、❷は各章のはじめに、❺は各章末に入っています。❸、❹の入り方は各章によって異なります。

1 時代の解説

タカラヅカのキャラクターがその時代のおおまかな動きを解説します。

2 年表

同時代に世界で起こったできごとや、その時代を舞台にしたタカラヅカ作品を俯瞰して見ることができる年表です。

3 ○○（作品名）に学ぶ

- 日本史の勉強になる作品にスポットを当てて見どころを解説。主な登場人物とその関係性を日本史視点で紹介します。
- 実在の人物は色文字、架空の人物は黒文字です。「試験に出るかもしれない」人物（＝山川出版社『日本史用語集』に掲載がある人物）には を付しています。
- 作品に関連する日本史的重要ポイントを一目でわかる「図解」で解説します。

4 4コマ図解

- 少し複雑な流れを理解しておきたいテーマについて、タカラヅカ作品の場面を使って4コマで解説します。
- 各コマに関連する用語をピックアップして詳しく説明します。実在の人物や史実に基づいたエピソードは色文字で、作品の解説は黒文字です。

5 作品一覧

各章の時代を舞台にしたタカラヅカ作品の一覧です。

- 人物名の表記は『日本史用語集』（山川出版社）に準拠しています。ただし、「○○（作品名）に学ぶ」のページではタカラヅカの役名表記を使用しています。
- できごとの年代についても『日本史用語集』を参照しています。

第一章

タカラヅカで学ぶ 弥生・古墳時代

時代ごとの権力者の推移

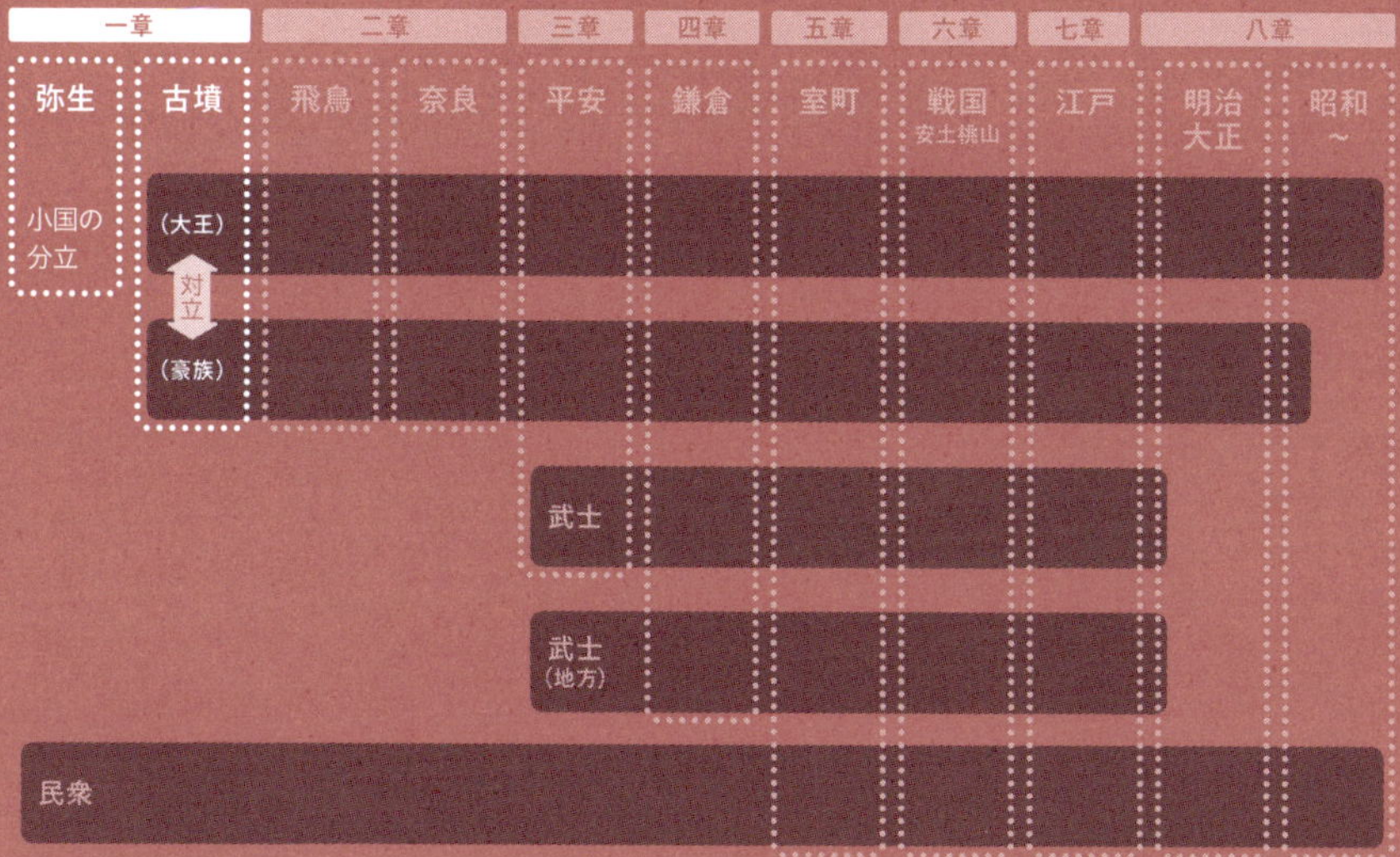
一章
二章
三章
四章
五章
六章
七章
八章
弥生
古墳
飛鳥
奈良
平安
鎌倉
室町
戦国
安土桃山
江戸
明治
大正
昭和
〜
小国の
分立
（大王）
対立
（豪族）
武士
武士
（地方）
民衆

タカラヅカで学ぶ弥生・古墳時代

まつろわぬ民がいた時代
言葉が国家を強くした

博《はか》徳《とこ》先生が語る、弥生・古墳時代

ひとつの国ができあがる時、そこでは必ず血が流れ、痛みを伴うものだ。後に「日本」と呼ばれるようになる国もまた然りである。

3世紀初めには神の声が聞こえる女王・**卑弥呼《ひみこ》**が治める「**邪馬台《やまたい》国《こく》**」が栄えたという。卑弥呼は中国の皇帝から「親魏倭王《しんぎわおう》」の称号を受け、権威の象徴である銅鏡を送られたという話も「**『魏志《ぎし》』倭人《わじん》伝《でん》**」なる書物に残っている。やがて、権力者たちは自らの墓（古墳）で力を誇示し始め、**大仙陵《だいせんりょう》古墳《こふん》**のように巨大化したものもあった。

5世紀に入っても「日本」の前身である**ヤマト政権**の基盤はまだ不安定で、服属しない民たちとの戦いに明け暮れていた。

そのような時代にこそ必要なのが「言葉」の力である。文書が国の過去を形づくり、未来まで揺るがぬものにする。国を支配する者にとって、言葉は武器の一つである。「だから若者よ、文字を学べ！」いたずら盛りの皇子たちに、私は何度も教え諭したものだ。

私のこの考えに素直に頷いたのが、武勇に優れた弟の穴穂皇子《あなほのみこ》だった。だが、心優しい兄の木梨軽皇子《きなしかるのみこ》は異を唱え、「私は、まこと

第一章のポイント

政治　**「国」が形作られていく時代**

外交　**中国への朝貢、朝鮮半島の激動**

文化　**渡来人が技術・文化を伝える**

博徳《はかとこ》先生

『月雲の皇子』(24頁)に登場する。ヤマト政権の史部をつかさどる渡来人。

の物語を残したい」つまり、皆がどのように生きたか、何を哀しみ、何を喜んだかを、言葉で語り継いでいきたいのだと言った。

時代が選んだのは、弟の穴穂皇子だった。皇位継承が決まっていた木梨軽皇子は美しい妹姫との道ならぬ恋が露見し、伊予に流された。妹姫は木梨の後を追い、皇位は穴穂が奪った。ヤマトに従わぬ民たちを率いて木梨が起こした反乱も、穴穂によって制された。仲の良かった兄弟にこのような酷い運命が待ち受けていようとは…。

だが、しょせん私は渡来人である。当時、私の故郷である朝鮮半島では**高句麗《こうくり》**、**新羅《しらぎ》**、**百済《くだら》**が争っていた。戦に敗れ、この国に逃げ延びてきた私は、時の権力者に奉仕して生きるほかはなかった。

すべてが終わった後、史部《ふひとべ》の私は「謀反者の兄を弟が成敗した」という「国の正しき歴史」を記録しようとした。ところが、穴穂皇子は「二人の物語を記せ」と私に命じた。結局、木梨軽皇子の物語は、後に**『古事記』**と**『日本書紀』**とで違う形で残ることとなる。あのときの穴穂皇子の心は…私にも推しはかることは難しい。

その後、弟の大長谷皇子《おおはつせのみこ》が雄略《ゆうりゃく》天皇として即位し、中国南朝の宋の国に朝貢し**「倭《わ》王《おう》武《ぶ》の上《じょう》表《ひょう》文《ぶん》」**を残した。結局、やんちゃで一番勉強嫌いだったあの皇子が、私の教えを受け継いでくれたのだ。

	同時代のタカラヅカ作品	世界のできごと	中国王朝
	 『虞美人』	秦の始皇帝が中国統一（BC221） 垓下の戦い（BC202） →劉邦が項羽に勝利	戦国 秦 前漢
	 『暁のローマ』 『アウグストゥス』	【ローマ・内乱の1世紀】 ローマ、カエサル暗殺（BC44） ローマ、アウグストゥスが帝政開始（BC27） イエス処刑（BC30頃）	
			後漢
	『邪馬台国の風』	オリエントでササン朝建国（224）	三国 西晋
		ゲルマン人の大移動はじまる（375） ローマ帝国の東西分裂（395）	東晋
	『太王四神記』 『月雲の皇子』	高句麗、好太王碑建立（414） 西ローマ帝国滅亡（476） フランク王国建国（481）	南北朝

年表 弥生・古墳時代×タカラヅカ

西暦	政治・経済・社会	文化
BC 200		
	弥生時代（BC4世紀～AD3世紀中頃）	
BC 100		
0		
	倭の奴国王、後漢の光武帝より印綬を授けられる（57）	
100		
200		
	邪馬台国の卑弥呼、「親魏倭王」の称号を受ける（239） ヤマト政権の形成（3世紀頃）	前方後円墳が西日本中心に出現する（3世紀中頃～）
300		
		※渡来人が技術や文化を伝える
400		
	倭の五王**讃・珍・済・興・武**が中国の南朝（宋）に朝貢（5世紀初～） 倭王武の上表文（478）	古墳の巨大化（4世紀末～5世紀末） 大仙陵古墳（日本最大）

李淵《りえん》
大陸からの渡来人。孤児となったタケヒコを育て、剣術と盟神探湯《くかたち》（熱湯に手を入れて有罪か無罪かを判断）のやり方を教える。
アシラ
邪馬台国の兵の長。タケヒコを兵士にスカウトする。
フルヒ
村の娘。狗奴国襲撃の際、タケヒコに命を助けられる。
育てる
ツブラメ
邪馬台国の兵士。幼い頃、喉を焼かれて声が出ない。
幼なじみ
好き
好き
タケヒコ
幼い頃、狗奴国の兵士に両親を殺され、邪馬台国の兵士となる。マナに想いを寄せるが、女王ヒミコとして生きるべきだと伝え、魏へと旅立つ。
イサカ
邪馬台国の女兵士。弓の名人。タケヒコに密かに想いを寄せる。
フルドリ
邪馬台国の兵士。イサカに密かに想いを寄せる。

3世紀
初め頃

女王・卑弥呼の謎

『邪馬台国の風』に学ぶ

3世紀初めに存在したとされる「邪馬台《やまたい》国《こく》」の物語だ。神の声が聞こえる少女が、女王ヒミコとして生きる覚悟を決めるまでを描く。ヒミコが恋する男性として、タケヒコというキャラクターが創造されている。

「『魏志』倭人伝」に残る邪馬台国に関する記述が意外と忠実に再現されており、連合国であったとされる邪馬台国に属する諸国の王や、敵対する狗奴国《くなこく》も登場。「人は酒を好む性質がある」との記述も残るが、賑やかな酒盛りの場面もある。タケヒコは「盟神探湯《くかたち》」に挑んで、ヒミコの危機を救ってみせる。

そもそも「邪馬台国」の所在地についても「近畿説」と「九州説」があるほど、不明な点が多い時代を舞台化した珍しい作品だ。謎の多い時代が少し身近になるかもしれない。

※実在の人物は色文字、架空の人物は黒文字で表記しています（以下同）

邪馬大国連合の王たち
一支王《いき》
伊都王《いと》
投馬王《とうま》
不弥王《ふみ》
末盧王《まつろ》
結託
裏切る
侵攻
仕える
仕える

奴王ヨリヒク
邪馬台国の王位を狙う。ちなみに、福岡県志賀島で発掘された金印は「奴国王」に与えられたものとされる。

アケヒ
ヤマタイ王の娘。奴王と組んでヒミコを追い落とそうとする。

ヒミコ(マナ)
神の声が聞こえるという特殊能力を持つため邪馬台国の女王となる。タケヒコへの想いを封じて女王として生きるべきか悩む。

狗奴《くな》王ヒミクコ
邪馬台国と敵対する狗奴国の王。

クコチヒコ
狗奴国の将。タケヒコの宿敵。

イヨ
ヒミコの侍女。ヒミコの死後、男性が王位を継ぐと国が乱れたが、イヨが女王になって混乱を収めたという。

図解

中国の歴史書からわかる日本

この時代の支配者たちは、中国皇帝からお墨付きをもらっていた。

後漢 → 三国(魏《ぎ》・呉《ご》・蜀《しょく》) → 西晋・東晋 → 南北朝

後漢
倭の奴国王、後漢の光武帝より印綬を受領(57年)
「『後漢書』東夷伝」より

三国(魏・呉・蜀)
邪馬台国の卑弥呼が「親魏倭王」の称号を受け、銅鏡を贈られる(239年)
『三国志』の「『魏志』倭人伝」より

南北朝
倭の五王、南朝(宋)に朝貢(5世紀)
「『宋書』倭国伝」より

讃 → 珍 → 済(允恭《いんぎょう》) → 興(安康《あんこう》) → 武(雄略《ゆうりゃく》)

5世紀中頃

ヤマトの国のはじまり

『月雲《つきぐも》の皇子《みこ》』に学ぶ

ガウリ
勇ましい女戦士。
ヤシュ
戦士のリーダー格。
アミル
本当は戦闘より手仕事が得意。
助ける
慕う
ザンド
親思いで、戦うことに疑問を持つ。
パロ
戦で死んだ親の仇を取るため、戦うことを望んでいる少女。木梨のことを密かに慕っている。
ティコ
土蜘蛛の少年。木梨に命を助けられ、蜘蛛は糸を吐きながら月に向かっていくという話を教える。
木梨軽皇子《きなしかるのみこ》
允恭天皇の第一皇子。戦の最中でさえも歌を詠んでしまう心優しき皇子。弟の裏切りにより伊予に流され、土蜘蛛たちを率いて謀反を起こす。

「日本」という国を形作るべく、ヤマト政権が戦いに明け暮れる時代、心優しき木梨軽《きなしかるの》皇子《みこ》と武勇に優れた穴穂《あなほの》皇子《みこ》、仲の良い兄弟であった二人はともに美しき妹・衣《そと》通姫《おりひめ》に想いを寄せ、やがて袂を分っていく。

兄弟皇子の師である博徳《はかとこ》は「この世界では勝った者が真実。勝者の言葉のみが歴史として残る」と教える。だが、木梨軽皇子は「まことの物語」を言葉で残したいと語る。

この木梨軽皇子について、『古事記』と『日本書紀』では異なる記録が残されており（図解参照）、そこから本作は着想されたという。ヤマト政権の敵対勢力は「土蜘蛛《つちぐも》」と呼ばれ、蔑まれている。そもそも「国」とは何か？「国」ができるときに「言葉」が果たす役割とは？スケールの大きな問題提起がなされる作品だ。

親子
妃に
兄弟
射殺す

身狭村主青《むさのすぐりあお》
王家の参謀を務める渡来人。実は穴穂皇子の本当の父親であり、穴穂の即位を望んでいる。

蜻蛉《あきつ》
衣通姫の侍女。

大中津姫《おおなかつひめ》
允恭天皇の妃。したたかで厳格だが、愛情深い母。

博徳《はかとこ》
史部《ふひとべ》を束ねる渡来人。兄弟たちの良き師だが、生き残るためには強い者につくという、機を見るに敏なところもある。

大長谷皇子《おおはつせのみこ》
允恭《いんぎょう》天皇の第五皇子。後の雄略天皇。中国の宋に朝貢し、「倭王武の上表文」を書いたのはこの人(19頁)。

穴穂皇子《あなほのみこ》
允恭天皇の第三皇子。その勇猛さで兄を支えていきたいと思っているが、出生の秘密を知り、兄から皇位を奪う(安康天皇・後に暗殺される)。意外と泣き虫。

衣通姫《そとおりひめ》
実は土蜘蛛の娘。皇子たちの「妹」として育てられる。

図解

『古事記』と『日本書紀』

天皇中心の律令国家体制が整った8世紀には、国家の成り立ちを記録するために、さまざまな書物が編纂された。

『古事記』(712年)
天皇家の系譜や伝承の記録
(神代〜推古期)
稗田阿礼が誦習したものを太安万侶が筆記

『日本書紀』(720年)
神代からの国家成立史
(神代〜持統期)
舎人親王らが編纂

木梨軽皇子についての記載は?

悲恋の物語

木梨軽皇子は伊予へと流刑に。兄を追ってきた妹と共に自害する。

反逆者の記録

木梨軽皇子は蜂起を謀るが、弟・穴穂の軍勢に囲まれ自害する。

その頃、世界では？

日本ではまだ弥生時代が続いていた頃、中国では秦の始皇帝が中国を統一、その後、項羽に勝利した劉邦が漢帝国をつくった。また、ローマでは「内乱の1世紀」と呼ばれる激動の時代を迎えていた。

項羽
虞美人

垓下の戦い（BC202）
『虞美人』より

クレオパトラ7世
オクタヴィウス
アントニウス

ローマでアウグストゥスが帝政を開始（BC27）
『アウグストゥス』より

タムドク
ヨン・ホゲ
キハ

高句麗、好太王碑建立（414）
『太王四神記』より

- **邪馬台国の卑弥呼が「親魏倭王」の称号を受けた頃（239）、オリエント世界でササン朝が建国された（224）**
- **倭王武の上表文（478）が書かれた頃に、西ローマ帝国が滅亡（476）**

衣装解剖図鑑

神の声が聞こえる巫女が活躍した時代。タカラヅカの巫女は衣装で華やかさが加わる。

タカラヅカの巫女は
華やか！
勾玉を使った首飾り
雨乞いも巫女の
重要な役割
すその美しいグラデーション
髪型は潰し島田や
垂髪など
実際の巫女はこのような姿だったと思われる
長紐《ながひも》
裳《も》という巻きスカート

第一章の関連作品

2017年花組大劇場

『邪馬台国の風』

→22頁

2013年月組バウホール

『月雲の皇子』

→24頁

【神話を題材とした作品】

2007年月組大劇場

『MAHOROBA』

伝統芸能、民族舞踊にスポットを当てたショー作品。イザナギ・イザナミの国造り、ヤマトタケルの伝説などが描かれる。

2004年雪組大劇場

『スサノオ』

『古事記』に登場するスサノオが主人公。天の岩戸に隠れてしまったアマテラスの逸話やヤマタノオロチ退治の物語が描かれる。

第二章

タカラヅカで学ぶ飛鳥・奈良時代

時代ごとの権力者の推移

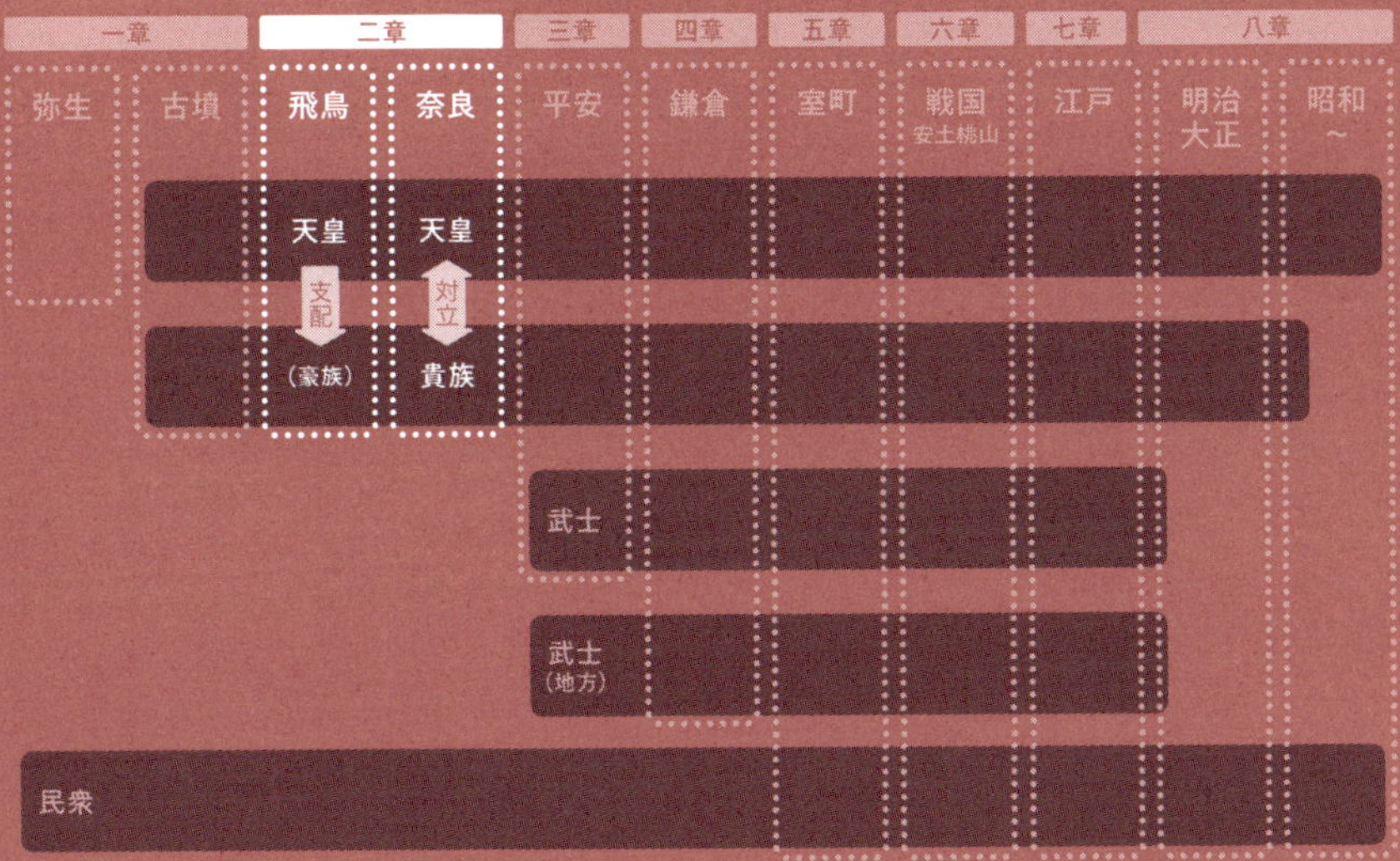

タカラヅカで学ぶ飛鳥・奈良時代

中央集権国家から権力闘争へ
太平のために大仏が建てられる

鸕野讃良皇女《うののさららのひめみこ》が語る、飛鳥・奈良時代の歴史

「元始、女性は太陽であった」…のちに、ある作家がこう言ったそうだけど、私たちの時代はまだ女性が輝いていたわ。権力闘争の中で女性も役割を果たしていた。私もその中の一人だった。

645年、**乙巳《いっし》の変**で蘇我《そが》蝦夷・入鹿を滅ぼした父、中大兄皇子《なかのおおえのみこ》と中臣鎌足《なかとみのかまたり》は、**律令《りつりょう》制度**の地歩を固め始めた。ただ残念なのは父の女癖の悪さ。弟の妃だった額田女王《ぬかたのおおきみ》に惚れ込むあまり、私と妹を額田と交換するなんて、どういうことかしら。でも、私は公私にわたる良きパートナーとして夫、大海人皇子《おおあまのみこ》を支え続けた。おかげで**壬申《じんしん》の乱**も大勝利、夫は**天武《てんむ》天皇**となった。私が病気で倒れたときも、夫は**薬師寺**を作って平癒祈願をしてくれたわ。

いつも冷静沈着で仕事のできる私だったけれど、こと息子のこととなると、そういうわけにもいかなかった。我が子・草壁が皇太子の器でないことはわかっていたけれど…有能な大津皇子の未来を奪ったことは申し訳なかったと思ってる。結局、夫の後を引き継いで即位したのは私。なんだかんだいって、私が国を治めていた頃が一

第二章のポイント

- **政治** 天皇中心の中央集権国家から、藤原氏との権力闘争へ
- **外交** 遣隋使、遣唐使で、中国から学ぶ
- **経済** 土地は「国のもの」に加えて「個人のもの」を容認
- **文化** 仏教の伝来、政治への利用

鵜野讃良皇女《うののさららのひめみこ》

中大兄皇子の娘にして大海人皇子の妃。後の持統《じとう》天皇。『あかねさす紫の花』(39頁)などに登場。

番波風立たず、うまくいっていたのではないかしら。

ところが、710年に都が**平城京**に移ってからは、皇族と藤原氏との争いが再燃し始めたの。まず権力を握ったのは、皇族の**長屋王**《ながやおう》よ。ところが、これが面白くない藤原の四兄弟は、彼に謀反の罪を着せて自殺に追い込んでしまった（長屋王の変）。その後、四兄弟たちは、妹の**光明子**《こうみょうし》を**聖武**《しょうむ》**天皇**の皇后にすることに成功したわ。これ以降、権力を握るために娘を天皇に嫁がせるという手段が定着し、女性が政治のための道具として使われるようになってしまった。

藤原四兄弟は天然痘で全員あっけなく死んでしまったけれど、その後も権力闘争は続いたわ。中には、女帝の寵愛によって上り詰めた**道鏡**《どうきょう》という僧もいたわね。

この頃になると、**三世一身法**や**墾田永年私財法**《こんでんえいねんしざいほう》が制定されて、父が定めた**「公地公民」**の大原則も、変質していったわよ。もっとも、せっかく汗水たらして耕した土地が自分のものにならないということに、そもそも無理があったのかもしれないわね。

世の中が乱れたとき頼れるのは仏さま、というわけで作られたのが奈良の**東大寺大仏**。仏の力で国を治めようという**「鎮護国家」**《ちんごこっか》思想よ。不甲斐ないと思うけれど、わかる気もするわ…。

	同時代のタカラヅカ作品	世界のできごと
		※中国は南北朝時代
		ムハンマド誕生（570頃） 隋の文帝が科挙をはじめる（587） 隋、中国を統一（589）
	『飛鳥夕映え』	隋滅び、唐おこる（618）
	『鎌足』 『あかねさす紫の花』 『あしびきの山の雫に』	新羅、朝鮮半島を統一（676）
	『高照す日の皇子』 『たまゆらの記』	唐、玄宗即位（712）
	 『花舞う長安』	唐、安禄山・史思明の乱（755 ～ 63）
		フランク王国のカール大帝、 西ローマ皇帝に（800）

年表 飛鳥・奈良時代×タカラヅカ

西暦	和暦	政治・経済・社会	文化
			仏教公伝（538?） ※552年説もあり
550		蘇我馬子、物部守屋を滅ぼす（587）	
600	大化	冠位十二階（603）・憲法十七条（604） **【遣隋使】**：小野妹子を派遣（607） 第1回**【遣唐使】**（630） 乙巳の変（645） 改新の詔（646）	法隆寺建立（607?）
650		白村江の戦い→唐・新羅に敗北（663） 壬申の乱（672）	薬師寺創建（680）
700	和銅 養老 天平	**【大宝律令】**（701） 平城京に遷都（710） **【三世一身の法】**（723） 長屋王の変→光明子、皇后に（729） 藤原広嗣の乱（740） **【墾田永年私財法】**（743）	『古事記』（712） 『日本書紀』（720）
750	延暦	恵美押勝（藤原仲麻呂）の乱（764） 道鏡、太政大臣禅師に（765） 平安京に遷都（794）	東大寺大仏開眼供養（752） 『万葉集』（770頃）
800			

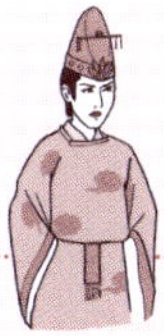

皇極帝《こうぎょくてい》（594~661）
舒明天皇の皇后で、中大兄・大海人皇子の母。本作では鞍作を寵愛している。

蘇我蝦夷《そがのえみし》（?~645）
蘇我馬子の子で、鞍作の父。息子が暗殺された後、屋敷に火をかけて自殺する。

瑪瑙《めのう》
鞍作の最愛の女性。皇極帝と鞍作の関係に悩まされる。

蘇我鞍作《そがのくらつくり》（入鹿《いるか》）（?~645）
本作では理想の国作りを目指す蘇我氏の御曹司として描かれる。「乙巳の変」により志半ばに倒れる。

東漢直要《やまとあやのあたいかなめ》
鞍作の護衛。暗殺の危機をいち早く察するが…。

7世紀
前半
／
645

蘇我《そが》氏の勢力拡大と滅亡

『飛鳥夕映え』に学ぶ

蘇《そ》我鞍作《がのくらつくり》（入鹿《いるか》）といえば歴史上の悪役の印象が強く、文楽・歌舞伎の『妹背《いもせ》山婦女庭訓《やまおんなていきん》』でも超人的な力を持つ悪人として描かれている。だが、この作品では優秀で魅力的な青年政治家として描く。作者の柴田侑宏《しばたゆきひろ》は「乙巳の変（37頁）を裏側から見ること」が作劇の意図であったと述べている。

その鞍作と敵対していく中臣鎌足《なかとみのかまたり》、鷹揚《おうよう》に情勢を見極める軽皇子《かるのみこ》、対立に巻き込まれていく気弱な蘇我石川麻呂《そがのいしかわまろ》という3人を、瀬奈じゅん、貴城けい、大空祐飛の同期3人が役替わりで演じたのも見どころだった。

瑪瑙《めのう》を心から愛しながらも、皇極帝《こうぎょくてい》の寵愛も受け入れざるを得ない鞍作、皇極帝の存在に心が揺れる瑪瑙、二人の心情が繊細に描かれるのも、柴田作品ならではの味わいだ。

姉弟
夫婦
親子
仕える
憎む
元学友

軽皇子《かるのみこ》
(596~654)
皇極天皇の後に孝徳天皇として即位するが、中大兄皇子と対立。有馬皇子は彼の息子。

中大兄皇子《なかのおおえのみこ》(626~671)
飛鳥寺の蹴鞠の会で、脱げた中大兄の革靴を鎌足が拾って差し出したのが、二人の出会いのきっかけだったといわれる。

小足媛《おたらしひめ》
軽皇子(後の孝徳天皇)の妃となり、有間皇子をもうける。父は大化の改新で左大臣となった阿倍内麻呂。本作では蘇我石川麻呂と恋仲。

蘇我石川麻呂《そがのいしかわまろ》
(?~649)
鞍作の従兄弟。乙巳の変で中大兄に協力し、右大臣となるが、後に讒言により中大兄の軍に攻撃されて自殺。本作では鎌足に弱みを握られて、鞍作暗殺に加担してしまう。

中臣鎌足《なかとみのかまたり》
(614~69)
詳細37頁。本作では鞍作を激しく憎み、「乙巳の変」を謀る中心人物として描かれる。

唐津《からつ》
俳優《わざおぎ》だが、じつは鎌足の隠密。

図解 遣唐使の道のり

一行は多い時には大使・留学生以下500人もの人々が4隻の船に乗船し、「よつのふね」と呼ばれた。

初め北路をとったが、
新羅との関係が悪化した8世紀以降は
危険な南路をとった。
渤海
北路
新羅
日本
長安
平城京
南路
唐

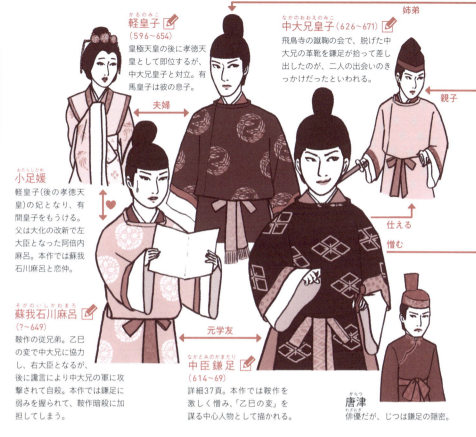

この人に注目！

大化の改新を主導した 中臣《なかとみの》（藤原）鎌足《かまたり》

614／669

実はスポーツマンだった？

鎌足の墓と考えられる阿武山古墳のミイラをX線写真で分析したところ、スポーツマンのような体格だった。

次男・不比等が藤原氏を盤石に

大宝律令の制定や、平城京遷都などに力を尽くした。じつは「天智天皇のご落胤」という説もある。

なかの中

大兄皇子《おおえのおうじ》と共に「乙巳《いっし》の変」で蘇我氏を滅ぼし、内臣《うちつおみ》として「大化の改新」をすすめた立役者だ。死の直前に、その功績により「大織冠《たいしょっかん》」と「藤原」の姓を賜る。鎌足が目指したのは天皇を中心とした国づくりだったが、その子孫たちは政敵と権力の座を争い、平安時代には摂関政治で栄華の絶頂を極めることになる。

『あかねさす紫の花』では中大兄皇子の忠実なる参謀、『飛鳥夕映え』では「乙巳の変」を仕掛けていくヒール役だ。だが、『鎌足』ではついに主役となり、ナンバー2ゆえに苦悩する、人間味あふれる人物として描かれる。

浮いた噂は少なそうだが、正妻となる鏡女王《かがみのおおきみ》や、『鎌足』に登場する車持与志古娘《くるまもちのよしこのいらつめ》の他、万葉集には、采女《うねめ》の安見児《やすみこ》を天智帝から賜った喜びを詠んだ歌を残している。

「乙巳《いっし》の変」うらおもて

『飛鳥夕映え』と『鎌足』は共に「乙巳の変」を描くが、主要な人物のキャラクターはまったく違う。同じ事件も、見方次第で変わるということだろう。

645／668

律令国家の成立

鏡女王《かがみのおおきみ》(?~683)

中大兄皇子の妃であったのに中大兄が妹に心変わりしたため、鎌足の妃となる。

中臣鎌足《なかとみのかまたり》(614~69)

詳細は37頁参照。額田女王をめぐる中大兄と大海人の不和を隠すため、額田と引き換えに、中大兄の娘2人を大海人の妃にするという策を講じる。

中大兄皇子《なかのおおえのみこ》(626~71)

後の天智天皇。孝徳《こうとく》天皇の后となった妹にも横恋慕したことがあり、なかなか即位できなかったのは、そのためでは？という説もあるほど、エネルギッシュで多情な男性であったようだ。

有間皇子《ありまのみこ》(640~58)

孝徳天皇の皇子。中大兄皇子に謀反の罪を問われて、絞首された。

『あかねさす紫の花』に学ぶ

額《ぬか》田女王《たのおおきみ》をめぐる、中大兄《なかのおおえの》皇子《みこ》と大海《おおあま》人皇子《のみこ》の恋のさや当ての物語。後の壬申の乱を予感させる幕切れが衝撃的だ。天智天皇即位の宴席に、酔った大海人皇子が長槍を持って登場、一差し舞った後、玉座の前に槍を突き立て、高笑いをして幕を閉じる。

作・演出は柴田侑宏《しばたゆきひろ》。「ベルばらブーム」の最終年にあたる1976年に花組で初演され、「人物たちの心理を深く描いた大作の風格」と絶賛された。翌1977年に雪組で再演。その後も再演が重ねられた名作だ。大海人皇子が主人公となるパターンと、中大兄皇子が主人公となるパターンの2つがある。

続編として『あしびきの山の雫に』『たまゆらの記』が作られ（41頁参照）、「万葉三部作」と称されている。

斉明天皇《さいめいてんのう》（594〜661）

かつての皇極帝（35頁、38頁）が再び皇位に。本作では二人の優秀な息子を案じる母。

天比古《あめひこ》

止利仏師（鞍作鳥）のような仏師になる夢を持つ青年。額田の面影を持った仏像を彫ろうとするが、額田の多情に失望し、彫りかけの仏像を壊してしまう。

小月《おづき》

天比古に献身的に尽くす女性。

好き

大海人皇子《おおあまのみこ》

（631?〜86）

兄・中大兄皇子を尊敬していたが、妃であった額田を奪われたことで、兄弟の信頼関係が崩れていく。

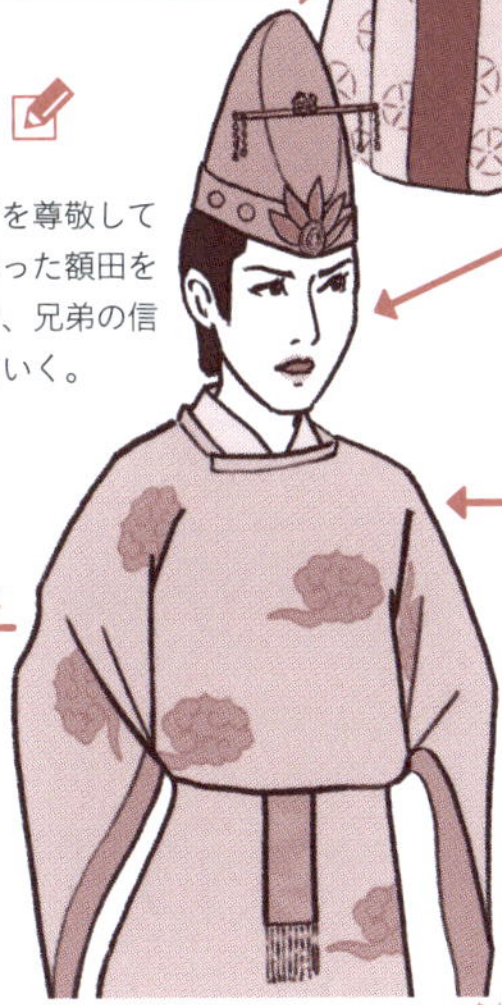
親子
好き
夫婦
妃に

万葉集に収められた、額田女王の有名な一首「あかねさす紫野《むらさきの》行き標野《しめの》行き野守《のもり》は見ずや君が袖振る」と大海人皇子の返歌「紫草《むらさき》のにほへる妹《いも》を憎《にく》くあらば人妻ゆゑにわれ恋ひめやも」はいずれも『あかねさす紫の花』の主題歌の歌詞に使われている。だが、じつは蒲生野の遊猟における宴席の余興で詠まれた歌らしい。

鵜野讃良皇女《うのさららのひめみこ》（645〜702）

天智天皇の皇女。後の持統天皇。額田女王と引き換えに、妹の太田皇女と共に大海人皇子の妃となる。

額田女王《ぬかたのおおきみ》（生没年不詳）

歌人として知られる。作・演出の柴田侑宏は初演時に「キラキラとした才能を持ち、多感で美貌の女。スカーレット・オハラのイメージ」と述べている。

図解

「大化の改新」とは？

中大兄皇子（天智天皇）の功績、それは「大化の改新」を主導して、律令国家（＝天皇中心の中央集権国家）への第一歩を踏み出したことだ。

「改新の詔」を出すぞ！

改新の詔

1. 土地の私有の禁止（公地公民制）
2. 地方行政の仕組みを作る
3. 戸籍を作り、人民に田畑を与える（班田収授）
4. 徴税する（租庸調）

↓

大宝律令（701年）

↓

養老律令（757年）

↓

律令国家の完成！

耕しても耕しても
重い税を取られる
だけでいいことない…

しかし、公地公民制は早くも8世紀には変質し、「律令国家」は揺らぎ始める……

四コマ
図解

乙巳《いっし》の変・大化の改新から奈良時代へ
飛鳥・奈良時代の権力闘争
672／764

雅なイメージの時代だが、実際にはドロドロ。100年余りの間に権力者の顔ぶれは10人以上変わった。

1 672年 壬申《じんしん》の乱

大海人皇子《おおあまのみこ》と大友皇子《おおとものみこ》による皇位継承をめぐる争い。天智《てんじ》天皇が息子の大友皇子に皇位を譲りたいと考えていることを知った大海人皇子は身の安全のためいったん吉野に引きこもり、天智天皇の死後に挙兵。勝利して、天武天皇となった。

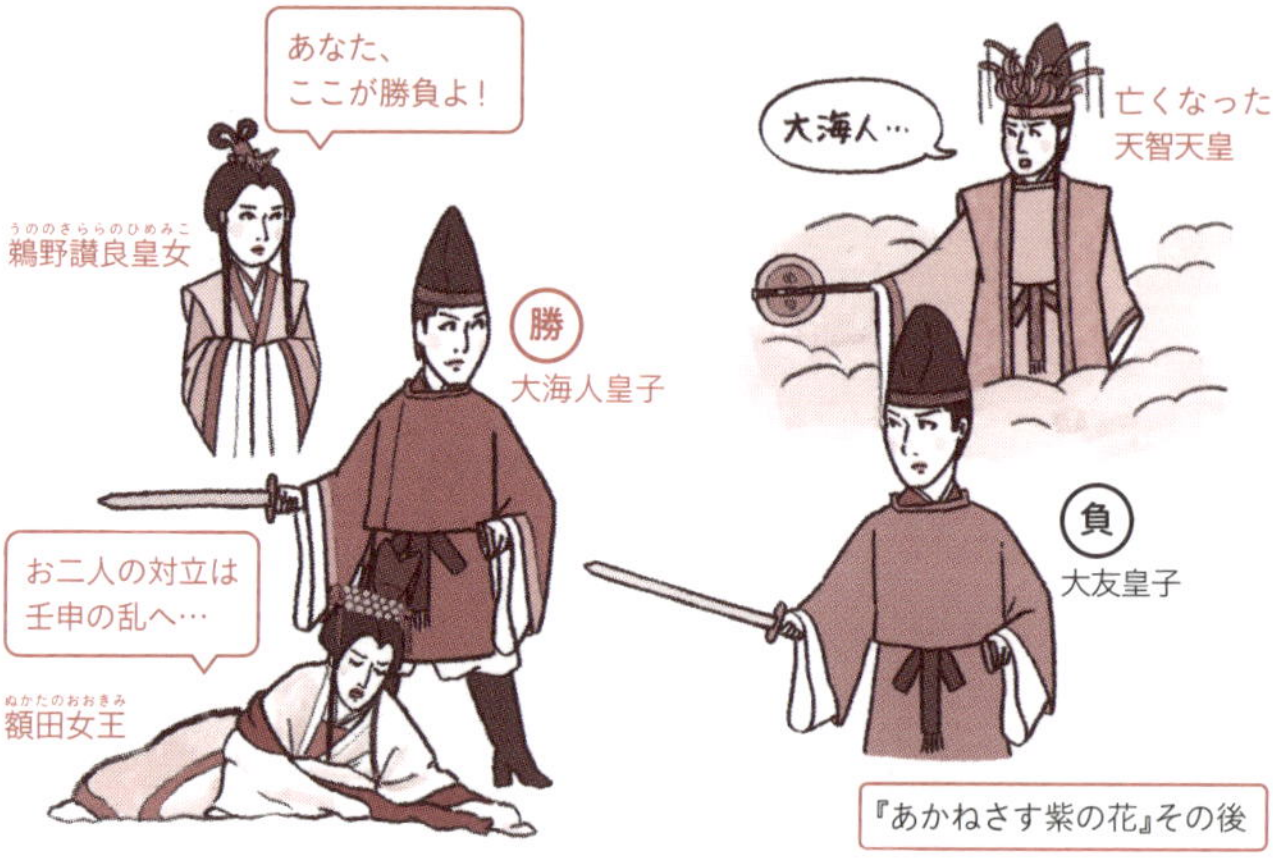

『あかねさす紫の花』その後

---

2 686年 大津皇子《おおつのみこ》の悲劇

鵜野讃良皇女《うののさららのひめみこ》は実子の草壁《くさかべ》皇子を皇太子にしたいがため、有力な皇太子候補であった大津皇子を謀反の罪に陥れる。だが、草壁が早世したため、天武天皇の後は鵜野自身が持統天皇として即位し、律令国家の基礎を固めていく。

「あしひきの山のしづくに妹待つとわが立ち濡れし山のしづくに」は、大津皇子が石川郎女に送った恋の歌。

『あしびきの山の雫に』より

729年

③ 長屋王《ながやおう》の変、光明子《こうみょうし》の立后

天武天皇の孫である長屋王が権勢をふるい、藤原氏と対立したが、藤原四子のはかりごとにより、謀反の疑いで自殺に追い込まれる。変の後、不比等の娘である光明子が臣民で初の皇后となり、外戚の藤原氏が権力をふるうことに。

740-764年

④ 大仏建立、だが社会的不安は続く

藤原四子が天然痘で相次いで死んだ後は、皇族の橘諸兄《たちばなのもろえ》、藤原仲麻呂（恵美押勝《えみのおしかつ》と改称）、道鏡と権力者が移り変わり、「藤原広嗣《ひろつぐ》の乱」、「橘《たちばなの》奈良麻呂《ならまろ》の乱」、「恵美押勝の乱」が起こる。東大寺大仏の力も心もとないものだった。

用語解説

① 皇親政治《こうしん》

天武・持統天皇の時代から奈良時代前半までの、天皇と皇族を中心とした政治形態のこと。じつは日本の歴史の中で、天皇が政治の中心となったのはこの時代だけ。その後も天皇位は継承されるが、平安時代の藤原氏、鎌倉・室町・江戸時代の幕府など、天皇以外が政権を担うことになる。

② 律令《りつりょう》国家

「律」とは刑法、「令」とは行政法・民法のこと。701年、文武天皇の時代に、刑部親王（天武天皇の息子）や藤原不比等（36頁参照）らによって制定された「大宝律令」は、その集大成だ。こうした法令に則って運営される国家を「律令国家」という。

③ 長屋王邸宅跡

奈良市内で長屋王邸宅跡が発掘され、大量の木簡（文字を記した木札）が出土したのが、奇しくもタカラヅカで『たまゆらの記』（右記）が上演された1988年のことだった。邸宅は広大な敷地を有し、木簡の記録からは王家の権勢や、優雅な生活ぶりがうかがえた。跡地は現在、商業施設となっている。

④ 墾田永年私財法《こんでんえいねんしざいほう》（743年）

人々に土地を開墾させて税収を増やすための法律。723年に出された「三世一身の法」で、新たな開墾地は子・孫の代まで私有できることになったが、「墾田永年私財法」では永久に私有できることに。これによって「公地公民制（55頁）」は変質し、荘園の発達が始まった。

タカラヅカ作品の登場人物でたどる 皇族／藤原家の系図

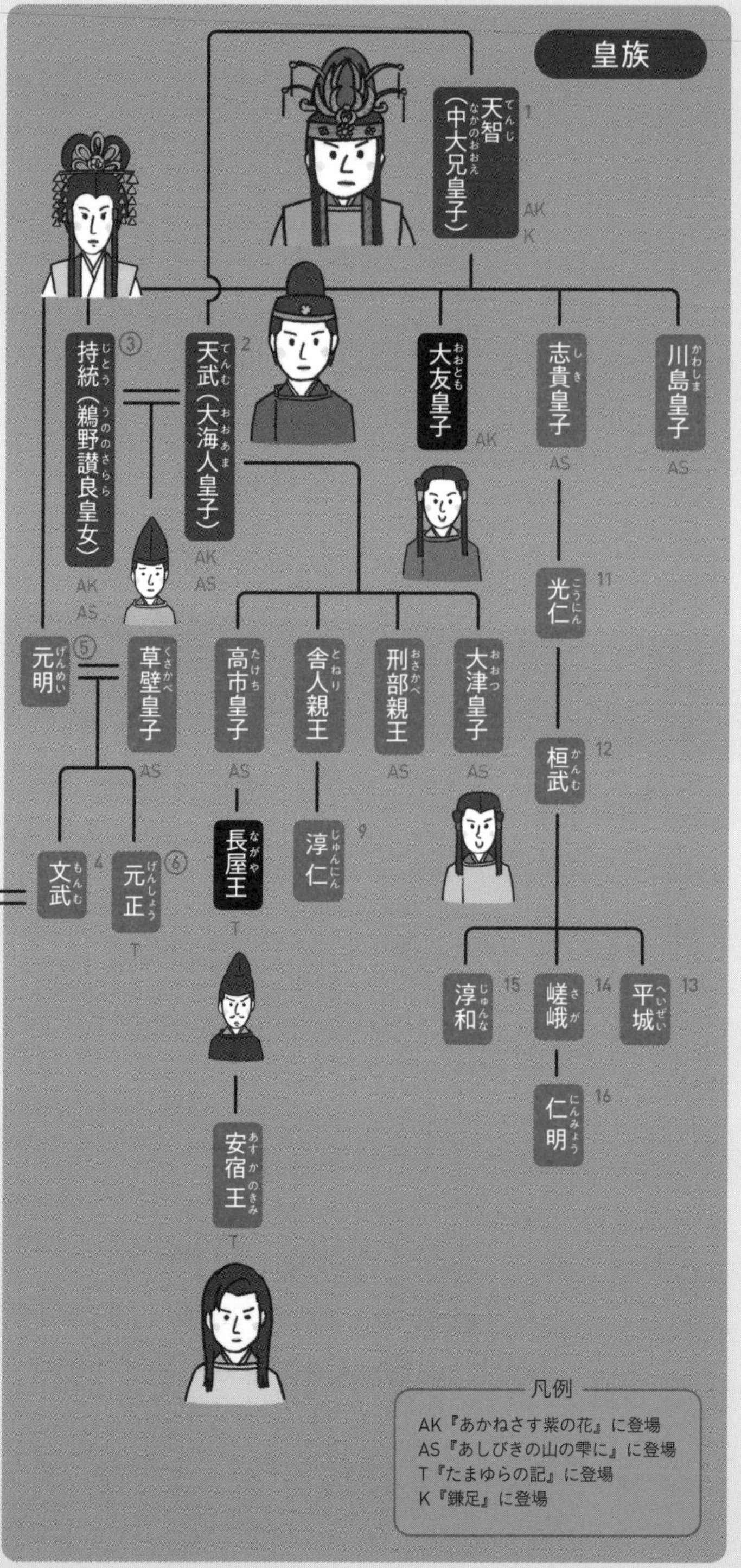

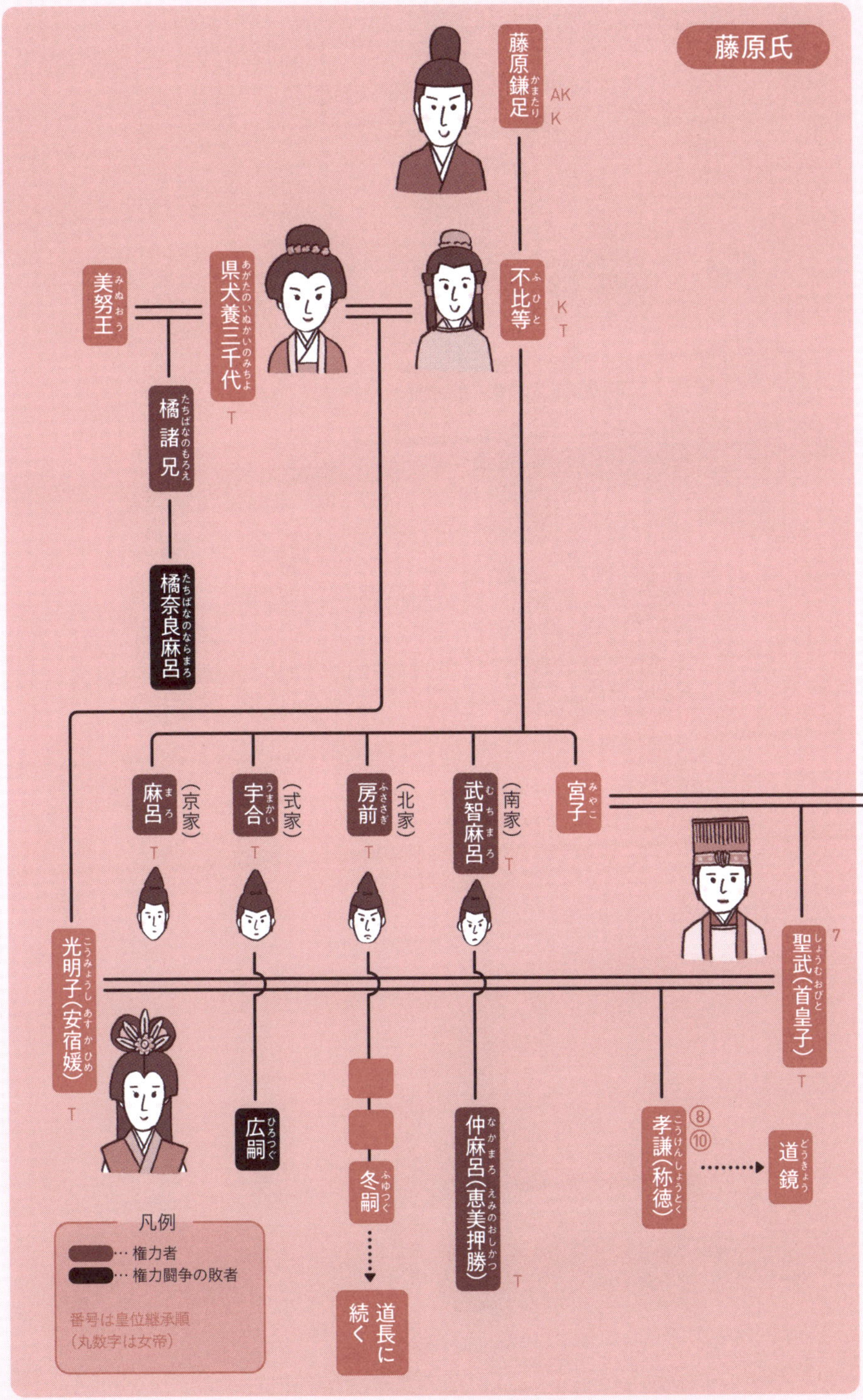
藤原氏
藤原鎌足《かまたり》
AK
K
不比等《ふひと》
K
T
県犬養三千代《あがたのいぬかいのみちよ》
T
美努王《みぬおう》
橘諸兄《たちばなのもろえ》
橘奈良麻呂《たちばなのならまろ》
麻呂《まろ》
(京家)
T
宇合《うまかい》
(式家)
T
房前《ふささき》
(北家)
T
武智麻呂《むちまろ》
(南家)
T
宮子《みやこ》
聖武《しょうむ》(首皇子《おびと》)
7
T
光明子《こうみょうし》(安宿媛《あすかひめ》)
T
広嗣《ひろつぐ》
冬嗣《ふゆつぐ》
道長に続く
仲麻呂《なかまろ》(恵美押勝《えみのおしかつ》)
T
孝謙《こうけん》(称徳《しょうとく》)
⑧
⑩
道鏡《どうきょう》
凡例
… 権力者
… 権力闘争の敗者
番号は皇位継承順
(丸数字は女帝)

その頃、世界では？

中国では隋が再び中国を統一、その支配は唐に引き継がれた。イスラム世界ではムハンマドが生誕（570頃）、ヨーロッパ世界は476年に西ローマ帝国が滅亡した後、混迷の時代を迎えていた。

隋の文帝が科挙をはじめる（587）
『蒼穹の昴』の梁文秀が解説

隋の中国統一（589）／隋滅び、唐おこる（618）
『応天の門』より唐に憧れる菅原道真

唐、安禄山・史思明の乱（755～63）
『花舞う長安』より

- 壬申の乱（672）の頃、新羅が朝鮮半島を統一（676）
- 平城京に遷都（710）した頃、唐では玄宗が即位した（712）

衣装解剖図鑑

中国大陸からの文化を積極的に取り入れた時代。衣装にも大らかさが感じられる。

第二章の関連作品

2019年星組ドラマシティ
『鎌足－夢のまほろば、大和し美し－』
→36頁
中臣鎌足を主人公とした作品。前半では乙巳の変で敵対することになる蘇我入鹿、後半では共に大化の改新を行うことになる中大兄皇子との関係が描かれる。

2018年花組博多座
『あかねさす紫の花』（初演1976年）
→38頁

2004年月組大劇場
『飛鳥夕映え』
→34頁

1988年雪組大劇場
『たまゆらの記』
→41頁
長屋王の息子・安宿王と藤原不比等の娘・安宿媛の恋を描く。『あかねさす紫の花』『あしびきの山の雫に』と並んで「万葉三部作」と呼ばれる。

1982年月組大劇場
『あしびきの山の雫に』
→40頁
『あかねさす紫の花』の続編。天武天皇の息子である大津皇子の悲劇を描く。

1992年月組バウホール
『高照す日の皇子』
文武天皇の息子、清人皇子は権力闘争から逃れ、遣唐使として旅立つが、嵐に遭い、桃源郷のような島に流れ着く。

妄想劇場その1

魏志倭人伝の時代をタカラヅカで上演するなら?

ヒストリカルロマン
『まほろばの朱い大地』

妄想歌劇
卑弥呼
司馬懿
イヨ
セイ
まほろばの朱い大地
上演されていません

山で暮らす一族の長の息子・セイは辰砂《しんしゃ》（朱）の鉱脈を読むことができた。辰砂は水銀と硫黄の化合物で、朱くて砕けやすい石。邪馬台国の女王・卑弥呼は辰砂を使った不老不死の薬の作り方を所望するがセイは拒絶し、魏への航海の持衰《じさい》（生贄）とされる。妹のイヨを残して旅立ったセイは生きて魏にたどり着き、やがて魏の重臣・司馬懿《しばい》と行動を共にするようになり、『政《せい》』という名前をもらった。

邪馬台国と狗奴国《くなこく》の間で戦が起こったという知らせが魏に届く。仲介役として派遣されたセイは美しく成長した妹・イヨを卑弥呼の死後の女王に立て、内乱をおさめた。強大化した邪馬台国の存在も、セイとイヨのつながりも魏にとって都合が良いだろう。すべては司馬懿の深い考えの元にあったことを知ったセイは「先生もまた辰砂だったのですね」と呟く。薬であり美であり富である一方で人を死にいたらしめる辰砂こそ、人間の心そのものであるとセイは悟るのだった。

【解説】邪馬台国が中国の魏の国より「親魏倭王」の称号を受けたとされる239年、中国は「三国志」で知られる魏(220〜265)・呉(222〜280)・蜀(221〜263)の三国時代真っ只中であった。魏の司馬懿の好敵手とされる蜀の諸葛亮は234年に亡くなっているから、その直後にセイは中国に渡ってきたのであろう。

妄想劇場その2

仏教界の巨星・最澄《さいちょう》と空海《くうかい》が主人公になるなら?

ミュージカル・マンダラ
『ふたつの星〜最澄《さいちょう》と空海《くうかい》〜』

生まれながらの宗教界のエリート・最澄と野生の天才・空海。唐ですれ違った時に運命のようなものを感じた二人は言葉を交わす。帰国後、最澄が密教経典の借用を空海に依頼したことから二人の交流が始まる。最澄は空海の弟子となり、愛弟子・泰範《たいはん》を代わりに修行させるため高野山に残す。

だが、最澄が『理趣釈経《りしゅしゃくぎょう》』の経典を借りたいと申し出た時、二人の密月の終わりが始まる。理趣釈経は性的な快楽を肯定した『理《り》趣経《しゅうきょう》』の解説書だった。空海は、密教の奥義は言葉では習得できないから貸せないという。

そんな折、泰範が空海のもとから戻らない。泰範は空海を師と決めてしまったのだ。泰範を密かに愛していた最澄は『理趣経』のエロティックな教えと泰範への想いが合わさった幻覚に苦しめられる。

ほかでもない空海に、人を司る星がそれぞれ違うように違う役割があると諭される最澄。空海へ抱いていた嫉妬心を恥じた最澄は空海と袂を分かち、「ふたつの星」として生きていく決意をする。

【解説】近江の出身で天台宗の祖、最澄(伝教大師)と、讃岐の出身で真言宗の祖、空海(弘法大師)。最澄は804〜5年、空海は804〜6年と、二人はほぼ同時期に唐で学んでいる(77頁も参照)。実際に交流もあった(最澄は空海に弟子入りしようとした)という二人の宿命的な関係を、史実を元に描いた愛憎劇である。

第三章

タカラヅカで学ぶ 平安時代

時代ごとの権力者の推移

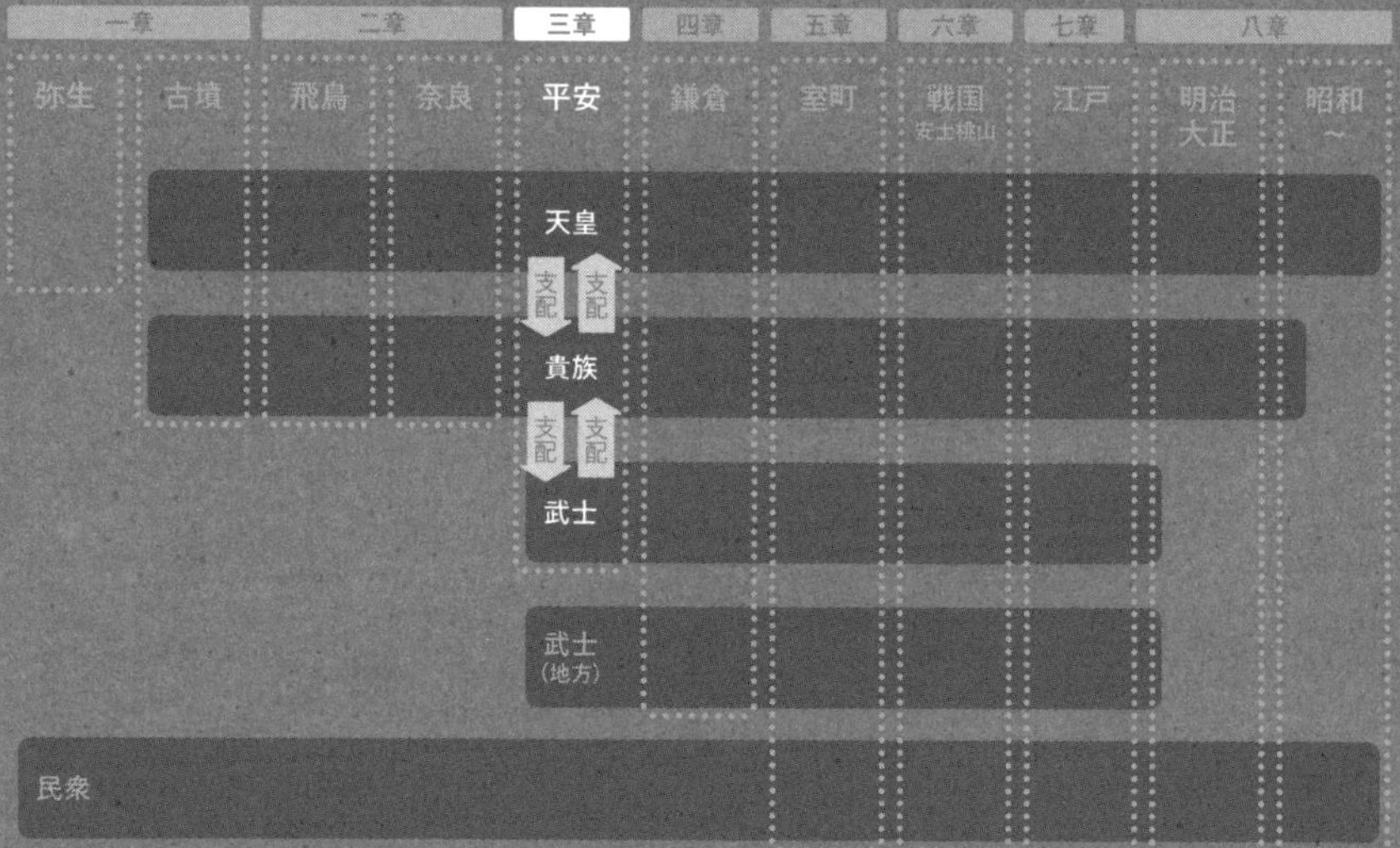

タカラヅカで学ぶ平安時代

権謀術数の渦巻く宮中
国風文化が花開く

藤原基経《ふじわらのもとつね》が語る平安時代

とかく権力というものは汚いものだと忌み嫌われ、これを手にする者は悪人であると決めつけられがちだ。だが、ひとつ言えるのは、権力なしには人の世を動かすことは決してできないということだ。

それゆえ、大化の改新に寄与した我が藤原氏は権力を手中に収めることに力を注ぎ続けた。義父の良房《よしふさ》は摂政になり、私は関白に任じられ、我が北家が政治の実権を握った。その後、藤原北家内での権力闘争に打ち勝ったのが、藤原道長・頼通の父子であった。

時に、天皇自らが親政を行うこともあった。私がこの世を去った後の**「延喜《えんぎ》・天暦《てんりゃく》の治《ち》」**などがそうだ。延喜の時代の少し前に、天皇の信任を得たのが菅原道真だ。私は道真には一目置いていたが、我が息子・時平は道真を大宰府に追いやってしまったらしい。

それにしても彼には矛盾を感じる。第一に、権力闘争に明け暮れる我らをあれほど軽蔑していたくせに結局、右大臣まで上り詰めたこと（私の深い考えも理解されたのだろうか）、第二に、唐の国にあれほど憧れていたのに、**遣唐使を廃止**したこと（もっとも、この

第三章のポイント

政治 律令制、摂関政治…からの院政、武士の台頭

経済 班田収授の崩壊と、荘園の発達

文化 密教（天台宗・真言宗）、国風文化

外交 唐の衰退、遣唐使の廃止

藤原基経《ふじわらのもとつね》

藤原北家出身。光孝天皇の御代に関白となる。『応天の門』（58頁）の登場人物。

判断は理解できる）、そして第三に「鬼など想像の産物に過ぎない」と言い切っていたくせに、怨霊となって出たという噂があることだ。

我々が得意とした「**摂関政治**」には一つ問題があった。それは「天皇に嫁がせる娘が生まれるかどうか」という運に左右されることである（また、娘が素直でない場合も困る）。我が藤原氏の栄華も、頼通の娘に子が産まれなかったことで終わりを告げ、代わって権力を握ったのが天皇の父親（上皇）だった。時代は摂関政治から「**院政**」へ。結果として天皇はますます欠かせない存在となっていった。

もう一つ、もっと大きな我々の過ちは、朝廷の内にばかり目を向けて、外を見ようとしなかったことだろう。我々が贅沢三昧の中で**国風文化**に磨きをかけ**年中行事**を粛々とこなしている間、内裏の外では民衆が貧困と疫病にあえぎ治安は悪化していた。こうなると頼りになるのは武力というわけで、世の中はあっという間に武士のものに。平清盛に至っては、我々の真似事をして「平家にあらずんば人にあらず」とまで言われるほどになった。

「盛者必衰」とはよく言ったものだ。ふと気がつけば、私があれほど執着した権力は、藤原一門の手中からは完全にこぼれ落ちてしまっていたのだった。

同時代のタカラヅカ作品	世界のできごと
『阿弖流爲』	
『花のいそぎ』 『応天の門』『花の業平』	フランク王国のカール大帝、西ローマ皇帝に（800） ↓ （カール大帝の死後三分され、のちの独仏伊の基となる） 唐、黄巣《こうそう》の乱（875～84）
『我が愛は山の彼方に』 『龍星』 『春麗の淡き光に』 『大江山花伝』	唐、滅ぶ（907） 朝鮮半島で高麗建国（918） 宋（北宋）、建国（960） 神聖ローマ帝国、はじまる（962）
『新源氏物語』『夢の浮橋』	中東にセルジューク朝、建国（1038） 第1回十字軍（1096）
『白鷺の城』	金、建国（1115） 北宋滅び、南宋おこる（1127） 第2回十字軍（1147）

年表 平安時代×タカラヅカ

西暦	和暦	天皇	政治・経済・社会	文化
	延暦	桓武	平安京遷都（794）	
800		平城	阿弖流為、坂上田村麻呂に降伏（802） 藤原冬嗣、蔵人頭になる（810）	最澄、天台宗を日本に広める（805） 空海、唐で密教を受法し帰国（806） 藤原氏、勧学院を設立（821）
	弘仁	嵯峨		
	天長			
	承和			
	貞観	清和	藤原良房、摂政になる（858） 応天門の変（866）	
		陽成		
		光孝	藤原基経、関白になる（884）	
		宇多	遣唐使、中止される（894）	
900	延喜	醍醐	菅原道真、左遷され大宰府へ（901）	『古今和歌集』（905）
	承平		平将門の乱・藤原純友の乱（939～41） （承平・天慶の乱）	『土佐日記』（935頃）
	天慶			
	天暦	村上		
1000		一条		
	寛弘	三条	藤原道長、太政大臣に、 頼通は摂政に（1017）	清少納言『枕草子』（1001頃） 紫式部『源氏物語』（1010頃）
	長元	後一条		
		後朱雀		
		後冷泉	前九年の役（1051～62）	
		後三条		平等院鳳凰堂、建立（1053）
		白河	後三年の役（1083～87） 白河上皇、院政を始める（1086）	
1100		堀河		
		鳥羽		
		崇徳		
	保元	後白河	保元の乱（1156）	
	平治		平治の乱（1159）	
			平清盛、太政大臣に（1167）	
		高倉		

780／802

蝦夷《えみし》との戦い

『阿弖流為 −ATERUI−』に学ぶ

紀広純《きのひろずみ》
朝廷の武人。蝦夷討伐を目論むが、伊治公鮮麻呂に裏切られ殺害される。
紀古佐美《きのこさみ》
(733～97)
紀広純の敗北の後、手柄を求めて蝦夷討伐に名乗りをあげるが、阿弖流為らに大敗する。
朝廷
寵愛
桓武天皇《かんむてんのう》
(737～806)
人身一新のため平安京への遷都を考える。遷都を成し遂げるためには天皇の威信が重要と説かれ、蝦夷征伐を決意する。
好敵手
坂上全子《さかのうえのまたこ》
田村麻呂の妹。桓武天皇の宮人。
仕える
坂上《さかのうえの》田村麻呂《たむらまろ》(758～811)
私利私欲にまみれた朝廷の高官らに煙たがられる清廉潔白な武人。紀古佐美の敗北の後に蝦夷討伐に派遣され、阿弖流爲の好敵手となる。
悪玉《しらたま》
田村麻呂のもとで忍びのような役割を果たす。

平安時代初期、東北地方で名を馳せた英雄・阿弖流為《あてるい》の生き様を描いた作品だ。日本史の教科書にも「桓武天皇の治世に、紀《きの》古佐美《こさみ》率いる政府軍を大敗させるが、その後、征夷大将軍となった坂上田村麻呂《さかのうえたむらまろ》に服属した」との記述があるが、これがタカラヅカの舞台でも描かれる。阿弖流為と坂上田村麻呂の対決も見どころだ。

蝦夷の故郷の雄大な自然がプロジェクションマッピングで表現される。その中で素朴に生きる蝦夷たちと、都で権力闘争に明け暮れる人々は対照的だ。都で蝦夷は人として扱われず、忌み嫌われる。ここまで本書で取り上げてきた作品の一連の流れの中で見ると、この作品もまた「日本」が出来上がっていく一コマを描いているといえるだろう。

蝦夷の長の跡継ぎたち

裏切る
仕える
蝦夷

飛良手《ひらて》
胆沢《いさわ》の長に仕える。朝廷側への内通がばれて捕らえるが、これを許した阿弖流為に心腹する。

多久麻《たくま》
鮮麻呂の反乱を助け、後に阿弖流為の部下となる。

伊佐西古《いさしこ》(江刺)

阿奴志己《あぬしこ》(志和)

伊治公鮮麻呂《これはるのきみあざまろ》(生没年不詳)
伊治の蝦夷の長。朝廷の支配に屈してきたが、紀広純《きのひろずみ》に帰順するふりをして殺害し、都で処刑される。

諸絞《もろしま》(和賀)

母礼《もれ》
黒石の蝦夷の長の跡継ぎ。軍師のような存在として最後まで阿弖流為を支える。

物部天鈴《もののべのてんれい》
北国に移住した物部一族の末裔。阿弖流為らを資金面で支援する。

菟穂名《うほな》
佳奈の義弟。戦で親兄弟を失ったため、佳奈に引き取られる。

佳奈《かな》
母礼の妹。戦で死んだ夫の遺志を受け継ぎ戦おうとするが、やがて阿弖流為と心を通わせ、子を宿す。

阿弖流為《あてるい》(?~802)
胆沢の蝦夷の長の跡継ぎ。蝦夷の心を守り抜くため、各部族を束ねて朝廷に立ち向かう。犠牲者を増やさぬため田村麻呂に降伏し、処刑される。阿弖流為と母礼の首塚が大阪府枚方市にある。

図解

土地政策の変容1 (律令制なし崩し!?)

「公地公民」「班田収授」の崩壊

朝廷
大化の改新の理念はどうなってしまったんだ!
天智天皇
戸籍で管理できない
徴税できない
逃げるが勝ち!!
班田収受崩壊!
朝廷
権限
納税
国司
土地に課税
徴税
え…
…

農民の逃亡により、税が徴収できなくなった。班田収授は崩壊…そこで??

「人」ではなく「土地」に課税することにして、徴税を国司に任せることに。(59頁に続く)

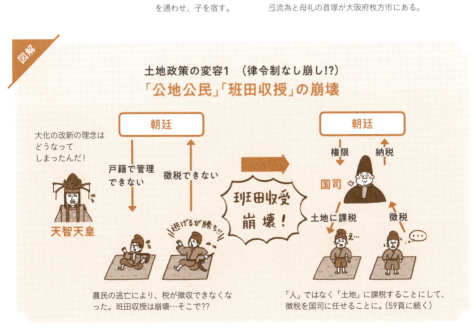

藤原北家が権力を握る過程

810／1070年頃

かつて天智天皇を支えた鎌足（36頁）を祖とする藤原氏が、天皇に代わって政治の中枢に躍り出る。

1 藤原冬嗣《ふゆつぐ》、蔵人頭《くろうどのとう》に取り立てられる

兄の平城《へいぜい》天皇との政争（薬子《くすこ》の変）に勝利した嵯峨《さが》天皇は、自身の命令を速やかに太政官組織に伝える「蔵人頭」や都の治安を守る「検非違使《けびいし》」を令外官として新設。蔵人頭に藤原冬嗣が任命されたことが藤原北家の権力掌握の第一歩となる。

『花のいそぎ』より

43頁系図から続く

遣唐使に
憧れる二人
磐石の秩序のもとで
平安の世を作らねばならぬ
小野《おのの》 篁《たかむら》
三の君
藤原冬嗣
藤原常嗣《つねつぐ》
藤原良房

「勧学院」の藤原良房と、「文章院」の学生であった小野篁、藤原常嗣は対立していた。

---

2 藤原良房《よしふさ》は摂政、基経《もとつね》は関白に

冬嗣の子、良房は承和の変、応天門の変で有力他氏を次々と排斥。清和《せいわ》天皇の外祖父として摂政の座につき権力を振るった。さらに良房の養子・基経は光孝《こうこう》天皇の関白となり、藤原氏の権力基盤をさらに強固なものとした。

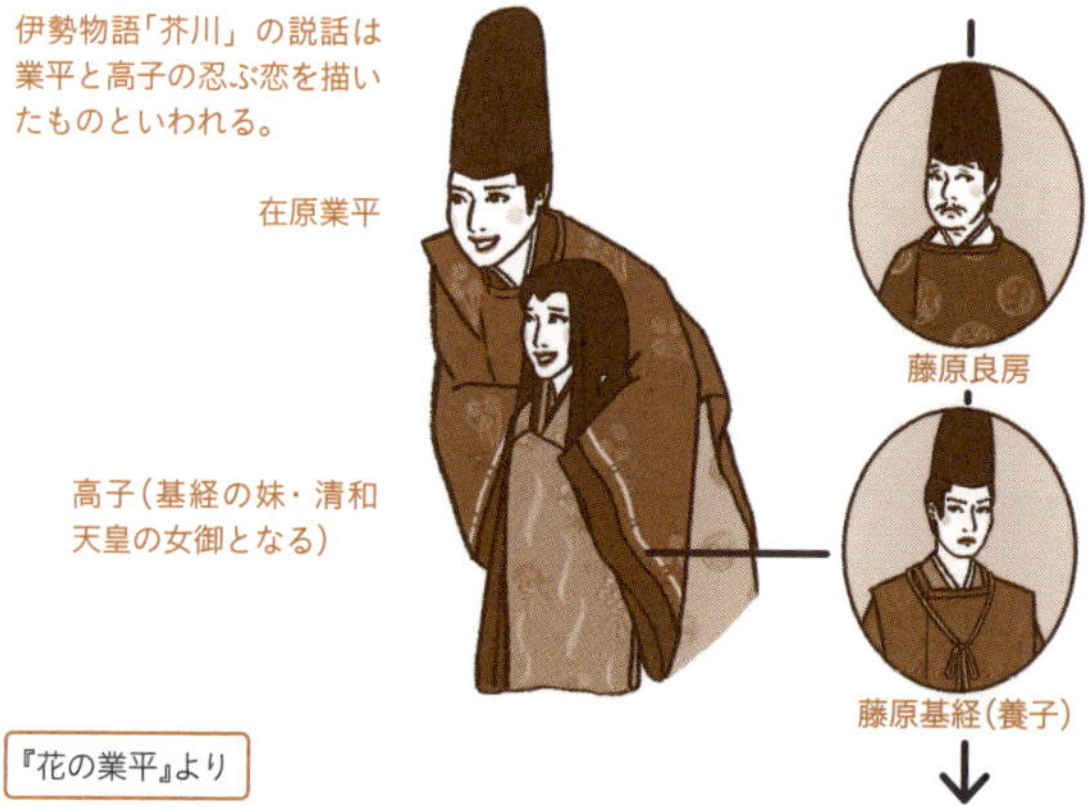
伊勢物語「芥川」の説話は業平と高子の忍ぶ恋を描いたものといわれる。
在原業平
高子（基経の妹・清和天皇の女御となる）
藤原良房
藤原基経（養子）

『花の業平』より

3 右大臣まで登り詰めるも 菅原道真、大宰府に左遷

藤原基経の死後、宇多天皇・醍醐《だいご》天皇の時代には天皇親政が行われ、菅原道真が重用された。だが、基経の子・藤原時平の陰謀により、道真は大宰権帥に左遷されてしまう。こうして再び藤原氏が権力の座に返り咲くことに。

失意のうちに亡くなった道真の霊を祀ったのが太宰府天満宮だ。

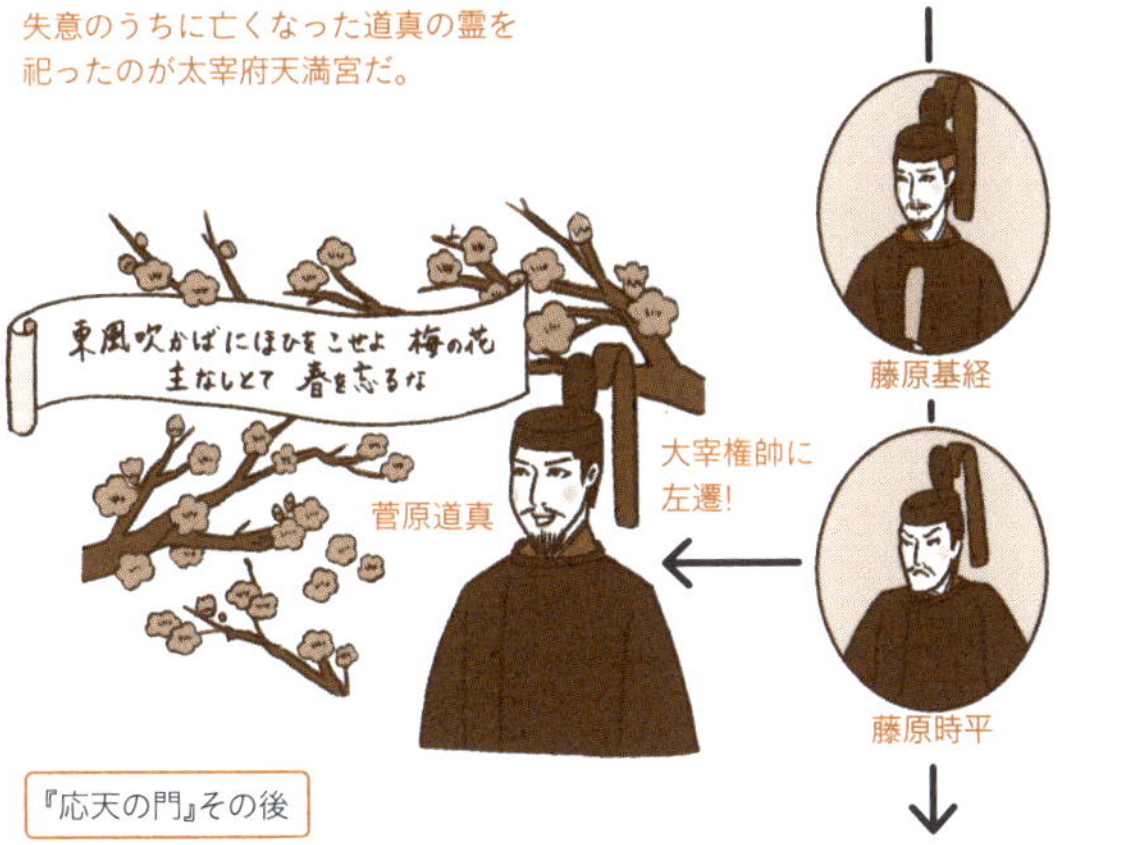

4 藤原道長・頼通父子の栄華

やがて権力闘争の場は藤原北家内部へ。これに勝利した藤原道長は4人の娘を4代の天皇の妃とし、後一条《ごいちじょう》・後朱雀《ごすざく》・後冷泉《ごれいぜい》天皇は道長の孫だった。息子の頼通は摂政・関白として50年間権勢を振るったが、娘に子は恵まれず後に続かなかった。

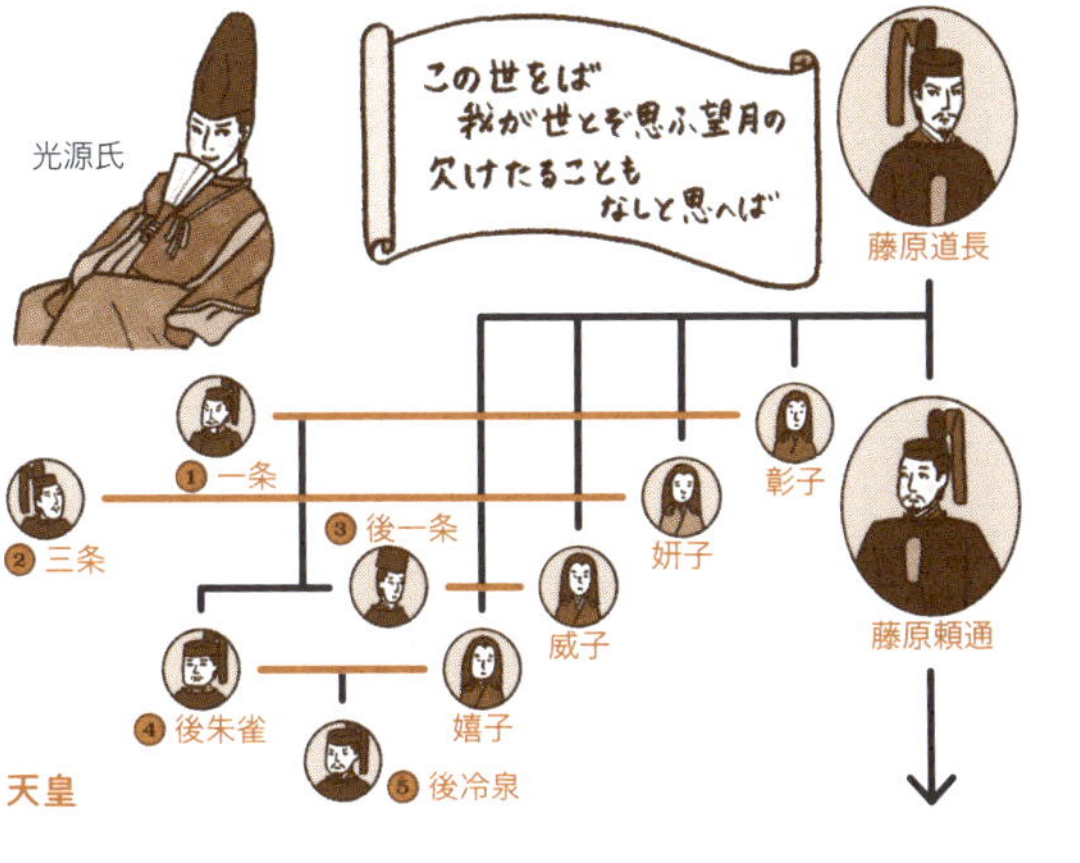

用語解説

① 大学別曹《だいがくべっそう》

律令の定めでは「大学」で学業を修め試験に通った者は太政官に推薦されたが、有力氏族は子弟を寄宿させて大学で学ばせるための私塾のような施設を設けた。これが「大学別曹」だ。藤原冬嗣が設けた「勧学院《かんがくいん》」、在原行平《ありわらのゆきひら》(業平の兄)が皇族出身者のために設けた「奨学院」などがある。中国の「科挙」は採用されなかったが、実務能力は重視されていた。

② 応天門《おうてんもん》の変(866年)

大納言・伴善男《とものよしお》が応天門に放火し、その罪を左大臣・源信《みなもとのまこと》に負わせようとしたということで、伴善男の他、関係者とされた紀《きの》夏井《なつい》・紀豊城《きのとよき》らが流罪に処せられた事件。源信の無実を証明したのは藤原良房だった。真相は不明だが、結果として藤原氏のライバルたちが失脚したため、良房陰謀説が濃厚。

③ 遣唐使の廃止(894年)

『応天の門』の中ではあれほど唐に憧れていた菅原道真だったが、いざ遣唐大使に任命された時には派遣の停止を建議し、採用された。これにより文化の「国風化」が進む。ちなみに、この頃の唐は農民反乱「黄巣《こうそう》の乱」で疲弊しており、907年に滅びた。

④ 紫式部と清少納言

道長の娘である中宮彰子《しょうし》に仕えたのが、『源氏物語』を書いた紫式部。道長の兄、道隆の娘である皇后定子《ていし》に仕えたのが、『枕草子』を書いた清少納言だ。入内させた娘の家庭教師的存在として、才女を求めたというわけだ。

864年

摂関政治

『応天の門』に学ぶ

藤原多美子

良相の娘。天真爛漫な性格で、清和帝に愛される。

藤原常行《ときつら》

良相の子息。入内することになった妹・多美子の身を案じ、捨て身で守ろうとする。

藤原良相《よしみ》

良房の弟。娘の多美子を清和帝に入内させ、権力闘争において一歩リードする。

伴善男《とものよしお》

(811～68)

有力貴族・伴氏の長。大納言。後の「応天門の変」で失脚させられる。

藤原良房《よしふさ》

(804～72)

藤原北家の長で、清和帝の外祖父として実権を握る。高子を清和帝に入内させようと目論む。

藤原高子《たかこ》

基経の妹。良房・基経父子が権力基盤を固めるための「切り札」だが、在原業平と密かに愛し合っている。

藤原基経《もとつね》

(836～91)

良房にその才を見込まれ養子となる。幼い頃に吉祥丸から「自分より優秀な弟」の話を聞かされ、ずっと気になっている。

黒炎《こくえん》

藤原良房に仕える男。

「学問の神様」として知られる菅原道真の若き日を描いた物語である。原作は灰原薬氏による歴史サスペンス漫画だ。

時は「応天門の変」の2年前。共に娘を入内させて、天皇の「外祖父」にならんとする藤原良房《よしふさ》と藤原良相《よしみ》の権力闘争が物語の骨格となっているため、「摂関政治」の何たるかがリアルに学べる作品だ。そんな大人たちを忌み嫌う道真だが、現実と対峙し、持ち前の知恵で藤原氏に一矢報いていく姿は、後に右大臣にまで登り詰めて政治の場でも活躍することになる未来を彷彿とさせる。

並行して在原業平と藤原高子の忍ぶ恋もタカラヅカらしく美しく描かれ、伊勢物語の一節を思い出させる場面も。平安初期の政治から文化まで、幅広く学べる作品でもある。

昭《しょう》姫《き》
唐からの輸入品を扱う店の女主人。商売には厳しいが面倒見が良く、その人脈を駆使して道真らを助ける。

菅原是善《これよし》
道真の父。道真には「藤原氏には近づくな」と釘を刺す。

吉祥丸《きっしょうまる》
道真の兄。幼い頃、藤原氏の邸宅で猛犬に噛まれ、狂犬病を発病して亡くなった。

國道《くにみち》
検非違使。在原業平の部下だが、業平のことをあまり良く思っていないようだ。

清和帝
(850～80)
母は藤原良房の娘・明子で、9歳で即位した。清和源氏の祖となる。

大拙
昭姫の店の用心棒。

父子
上司と部下
父子
力を貸す
入内《じゅだい》させたい
仕える
友人
名コンビ?

白梅《はくばい》
菅家の女房。学問に長けている。

紀《きの》長《は》谷《せ》雄《お》
道真の学友。双六と美しい女性に目がない。

菅原道真(845～903)
菅家の三男。文章生だが文章院には全然顔を出さず独学に励む。権力闘争に明け暮れる貴族たちを軽蔑している。

在原業平(825～80)
京の治安を守る検非違使の長。風流人で女性関係も華やか。『伊勢物語』の主人公とされる人物。

図解

土地政策の変容2
寄進地系荘園の発達

朝廷
権限
納税
国司
重税
重税
イヤだ…
つらい…
貴族・寺院などのエラい人
寄進
保護
うほほほ♥
あげます!!
大名田堵

(55頁からの続き)国司(受領)は任期中に税をしぼり取って、儲けようとした。

国司(受領)の重税を逃れるため、有力農民は土地を貴族や寺社に「寄進」して守ってもらい、自らは荘官となった。

四コマ図解

武士の台頭へ

939／1159

平安末期に栄華を誇った「平氏」、武家の棟梁「源氏」、それぞれがのし上がる過程を見てみよう。

1 天皇・貴族が震え上がった 承平《じょうへい》・天慶《てんぎょう》の乱

関東では「新皇《しんのう》」と称する平将門が、同じ年に瀬戸内海では藤原純友《すみとも》が反乱を起こしたが、将門の乱は平貞盛《さだもり》と藤原秀郷《ひでさと》、純友の乱は源経基《つねもと》らによってそれぞれ鎮圧された。武士の力が必要不可欠であることが明らかになった事件だった。

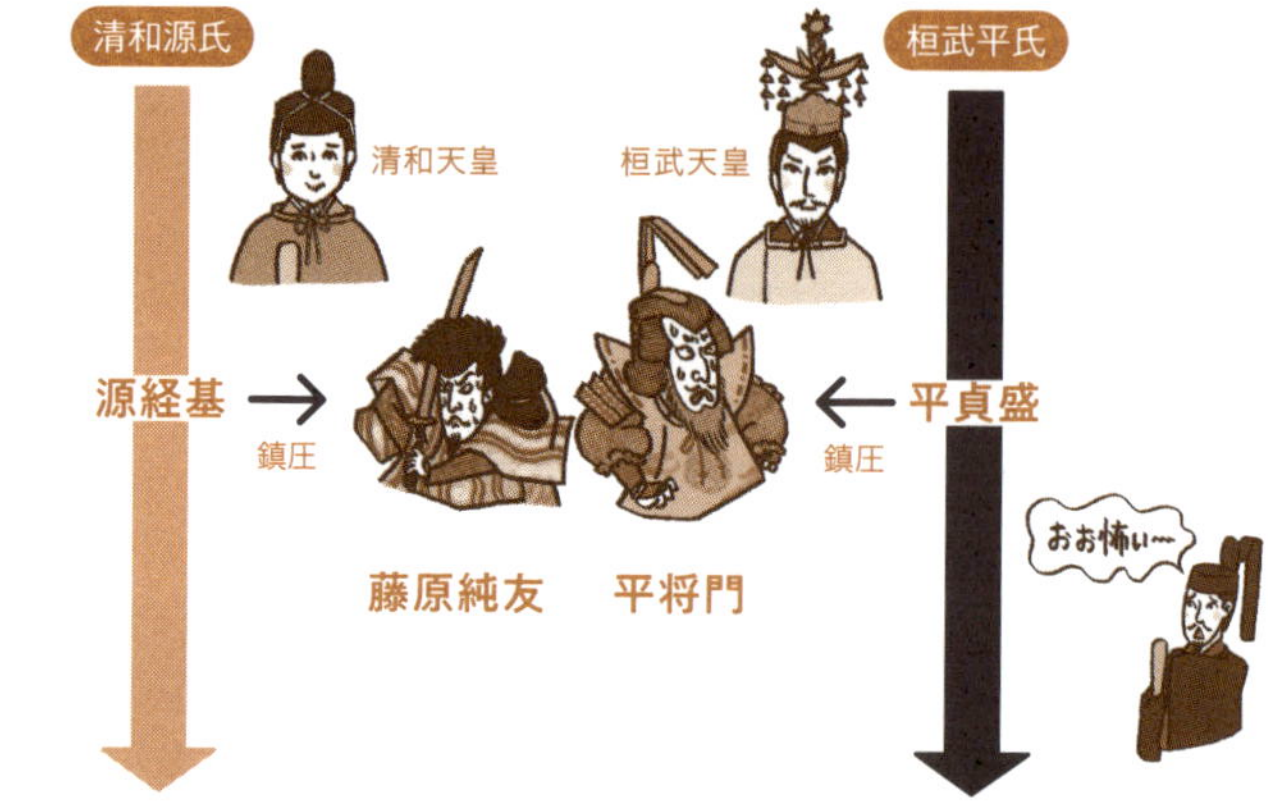

2 源氏が東国に地盤 前九年の役・後三年の役

前九年の役では、陸奥の安倍氏の反乱を源頼義《よりより》・義家《よしいえ》親子が平定。後三年の役では源義家が清原氏の争いに介入して鎮圧した。このとき朝廷からの恩賞が出なかったため義家は自腹で家来に恩賞を与え、東国の武士の信頼を獲得した。

用語解説

❶ 桓武平氏《かんむへいし》

天皇家の子孫は増え続けるので、姓を与えて臣籍《しんせき》に降下させた。このうち桓武天皇の曾孫である高望王《たかもちおう》が臣籍に降下し「平《たいら》」姓を受けたことで始まった家系が「桓武平氏」だ。平将門も高望王の孫。将門を滅ぼした平貞盛の子孫が平清盛だ。また、鎌倉時代に執権として権力を握る北条氏も桓武平氏から派生した一族だという説もある。

❷ 清和源氏《せいわげんじ》

清和天皇の孫である経基が臣籍に降下し「源《みなもと》」姓を受けたことで始まった家系。「八幡太郎《はちまんたろう》」の通称で知られる源義家、鎌倉幕府を開いた源頼朝へと続く。また、のちに室町幕府の将軍となる足利氏も清和源氏から派生した一族である。

❸ 院政

1068年、藤原氏を祖父に持たない後三条天皇が即位することで、摂関政治は終わりを告げる。次の白河天皇が上皇になった時に、上皇自らが政務をとる「院政」を開始した。天皇の母方の祖父が実権を握る「摂関政治」に対し、「院政」は天皇の父方が実権を握るスタイルで、外戚の一族に権力を渡さないという狙いがあった。

❹ 源平の争乱（治承《じしょう》・寿永《じゅえい》の乱）

1180年の以仁王《もちひとおう》・源頼政の挙兵から85年に壇の浦で平氏が滅亡するまでの戦い。「治承・寿永の乱」とも言う。大河ドラマでしばしば描かれるのでおなじみの戦いだが、タカラヅカでは意外と取り上げられない。

3 親兄弟で血みどろの戦い 保元《ほうげん》の乱

皇位継承をめぐって崇徳《すとく》上皇・後白河天皇の関係が悪化した時、藤原氏・源氏・平氏で元々敵対していた人たちが「上皇方」「天皇方」に分かれ、争いを繰り広げた。結果、天皇方が勝ち、平清盛は叔父を、源義朝は父を自ら処刑することに…。

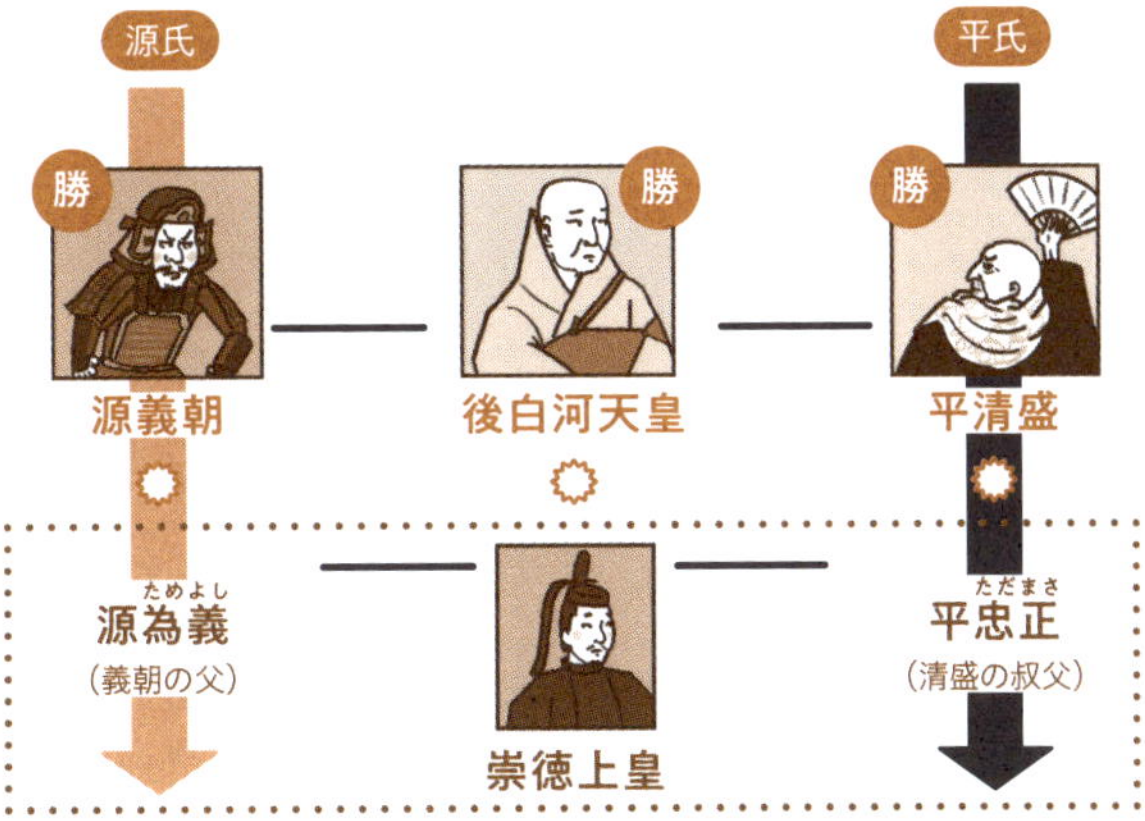

4 源義朝と平清盛が決着をつけた 平治の乱

勝ったのは平清盛で、これ以降、平氏の世に。このとき平氏が残してしまった「災いの種」が源頼朝（義朝の子）だ。本来ならば処刑されるべきところ命を助けられ、伊豆に流された頼朝は、後に挙兵して平氏を滅ぼし、鎌倉幕府を開く。

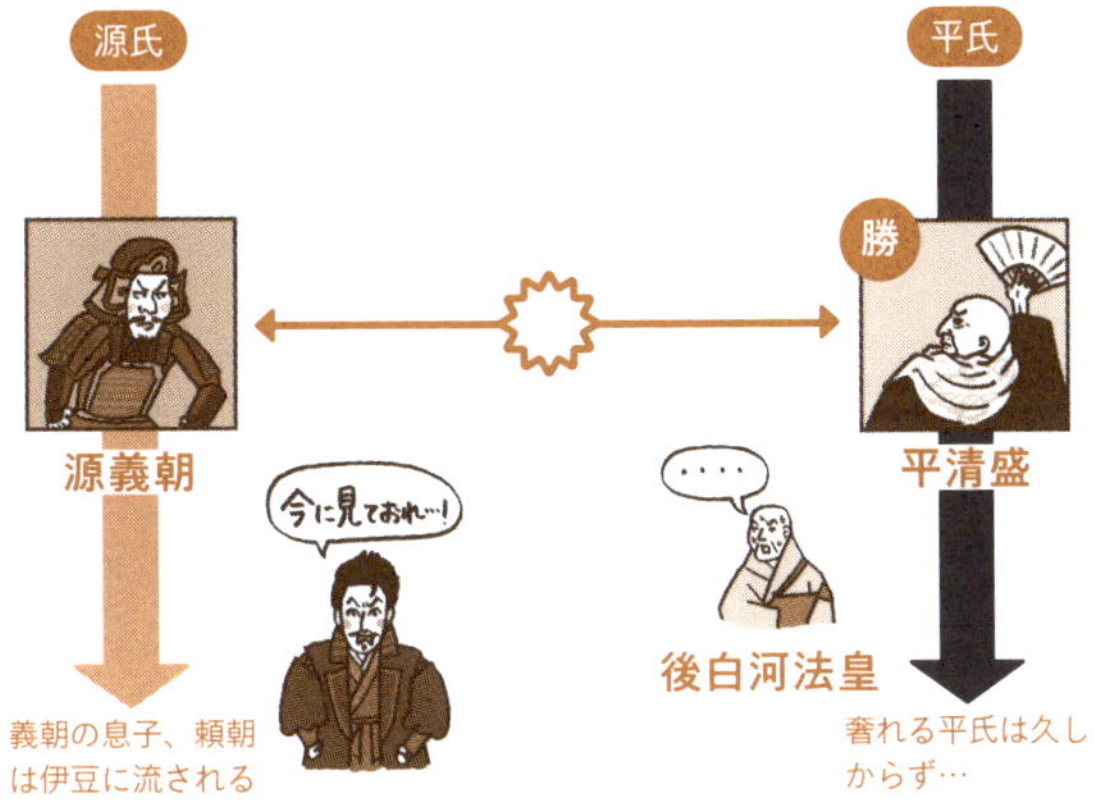

その頃、世界では？

ヨーロッパ世界ではフランク王国が3つに分裂。現在のフランス・ドイツ・イタリアの元になる国が生まれた。イスラーム世界ではセルジューク朝が強大化し、キリスト教徒による十字軍が派遣された。中国では唐が滅んで、宋が建国した。

朝鮮半島で高麗が建国(918)
『我が愛は山の彼方に』より

宋の建国(960)
『龍星』より

- **阿弖流為が降伏(802)した頃に、フランク王国のカール大帝が西ローマ皇帝に(800)**
- **菅原道真が大宰府に左遷(901)された6年後に、唐が滅ぶ(907)**

衣装解剖図鑑

平安時代の衣装といえば何といっても十二《じゅうに》単《ひとえ》。衣装を着た娘役の足さばきも見どころだ。

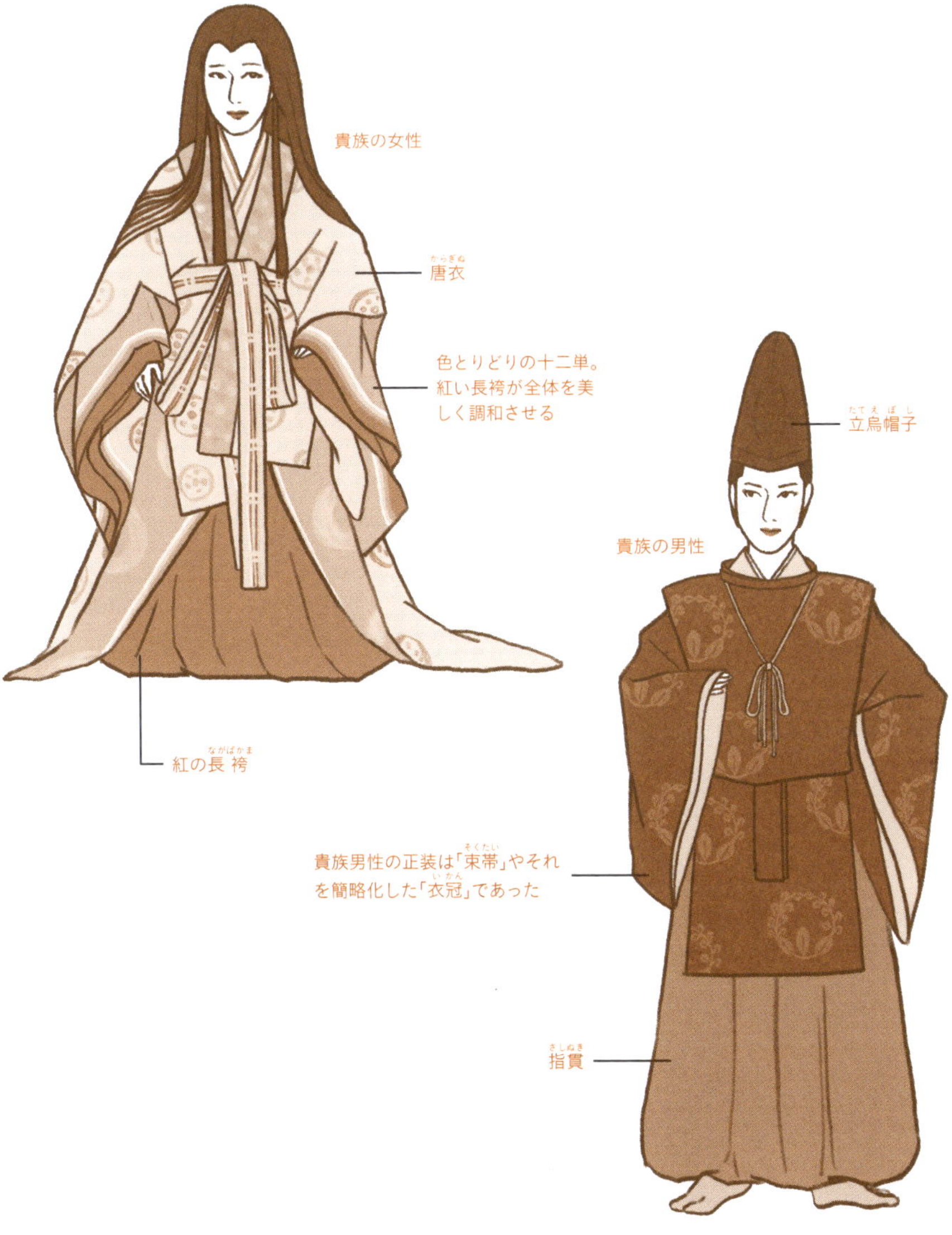
貴族の女性
唐衣《からぎぬ》
色とりどりの十二単。紅い長袴が全体を美しく調和させる
紅の長袴《ながばかま》
立烏帽子《たてえぼし》
貴族の男性
貴族男性の正装は「束帯《そくたい》」やそれを簡略化した「衣冠《いかん》」であった
指貫《さしぬき》

2003年雪組大劇場

『春麗の淡き光に』

藤原北家を狙う盗賊「朱天童子」を名乗る藤原保輔と、弟の保昌の二役を同一人が演じる趣向の作品。

2001年星組大劇場

『花の業平』

→56頁

藤原氏の権力闘争の中で、忍ぶ恋を貫こうとする在原業平と藤原高子の物語。

第三章の関連作品

2023月組大劇場
『応天の門』
→58頁

2018年宙組大劇場
『白鷺の城』
陰陽師・安倍泰成と妖狐・玉藻前が千年にわたる時代を転生しながら争い、惹かれ合っていくさまを描いた日本物レビュー。

2017年星組ドラマシティ
『阿弖流為 ーATERUIー』
→54頁

2015年花組大劇場
『新源氏物語』（初演1981年）
→57頁
田辺聖子作の小説『新源氏物語』をもとに、光源氏の愛と苦悩を描く。

2008年月組大劇場
『夢の浮橋』
源氏物語の後半「宇治十帖」を舞台化。匂宮と薫、共に浮舟を愛した二人の貴公子の物語。

2009年宙組博多座
『大江山花伝』（初演1986年）
木原敏江の劇画の舞台化。鬼と人間の間の子として生まれた茨木童子が主人公。

2004年星組バウホール
『花のいそぎ』
→56頁
平安初期の才人、小野篁が主人公。じつは篁には「花のいのちを操れる」という不思議な力が備わっていた。

妄想劇場その3

ダークヒーロー陰陽師・蘆屋道満《あしやとうまん》が主人公になるなら?

妄想歌劇
真の陰陽師
安倍晴明
蘆屋道満
上演されていません

平安ロマネスク

『真《まこと》の陰陽師－蘆屋道満《あしやとうまん》と安倍晴明《あべのせいめい》－』

旅

役者の家に生まれた少年・道《みち》は、見よう見まねで学んだ技で陰陽師のまねごとをするようになり、民から絶大な人気を得るようになった。やがて、その噂は貴族社会にも届き、藤原定子に仕えていた女官・高階《たかしなの》光子《みつこ》は道に、定子のライバルである中宮彰子とその父・藤原道長を呪うことを命じる。光子の美しさに魅入られた道は、呪いを実践する。だが、道の行った呪詛は彰子方の安倍晴明に見破られてしまった。

晴明は道に意外なことを告げた。「こんなところにいてはいけない。この地獄は私だけで十分だ。君はこれからもっと沢山の民たちを救いなさい」。そして晴明は道の行く先が希望で満ちるようにと「道満」の名を道に与える。

光子の手助けもあって、道満は権謀術数《けんぼうじゅっすう》が渦巻く貴族の世界から逃れ、自分を待つ民たちの元に再び帰ることができた。だが、光子は道満とは一緒に行かず、官位剥奪のうえ捕えられる。晴明もまた、怨霊のはこびる朝廷へと戻っていくのだった。

【解説】「陰陽道」とは中国から伝来した陰陽五行説に基づき、平安時代に安倍晴明らによってつくられた呪術・祭祀の体系。蘆屋道満も平安時代の陰陽師で、安倍晴明のライバルとして語られることが多い人物。文楽・歌舞伎の『蘆屋道満大内鑑《あしやどうまんおおうちかがみ》』は安倍晴明の出生の秘密を描くが、ここでは晴明の父、保名《やすな》のライバルとして道満が登場する。

第四章

タカラヅカで学ぶ鎌倉時代

時代ごとの権力者の推移

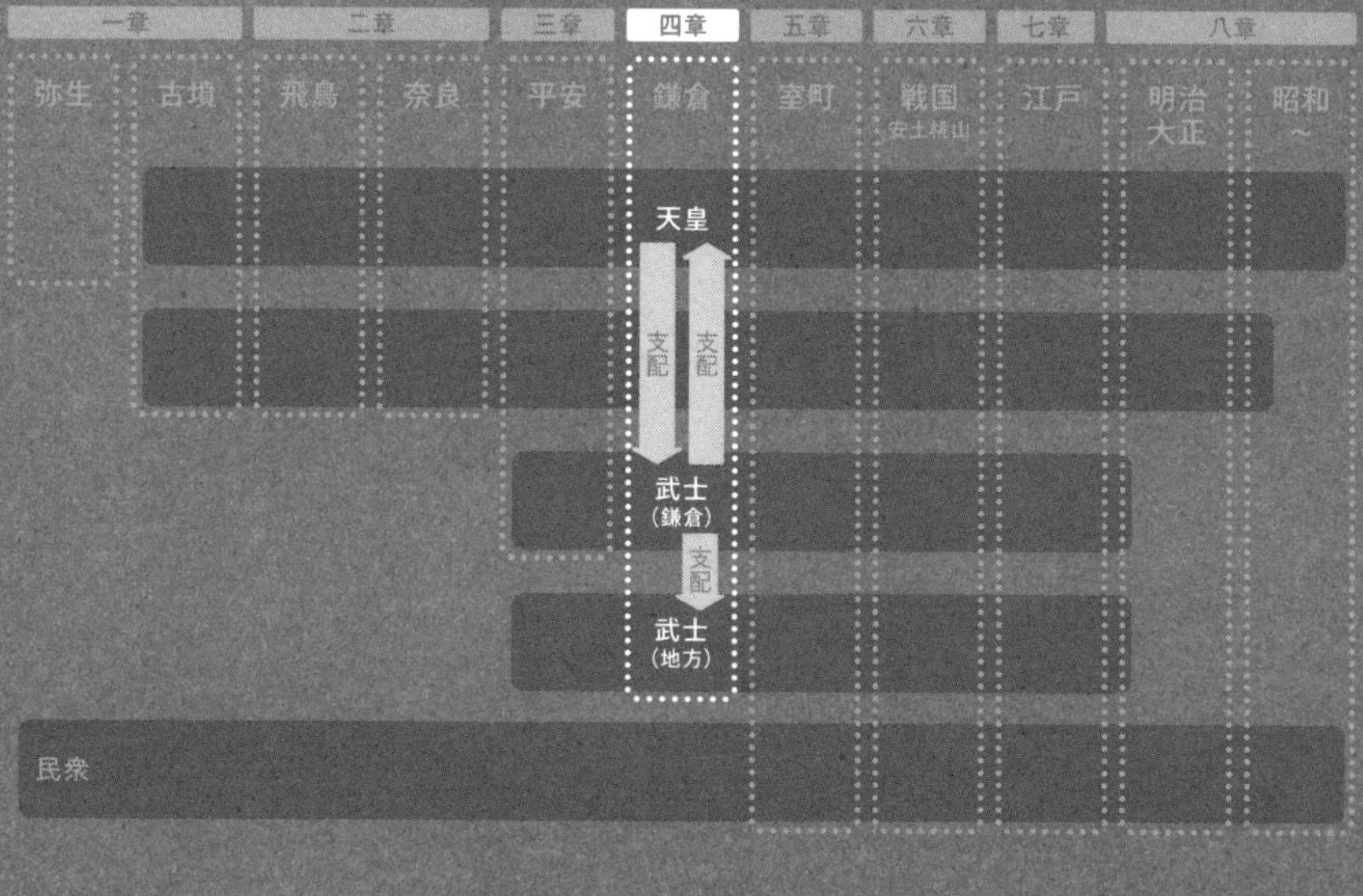
一章
二章
三章
四章
五章
六章
七章
八章
弥生
古墳
飛鳥
奈良
平安
鎌倉
室町
戦国
安土桃山
江戸
明治
大正
昭和
～
天皇
支配
支配
武士
（鎌倉）
支配
武士
（地方）
民衆

タカラヅカで学ぶ鎌倉時代

武士が支配し、世は乱れた 人びとは嘆き仏にすがる

エイサイが語る、鎌倉時代

争いのない平穏な世の中で暮らしたい…いつだって人はそう願ってきたけれど、それを実現するのはどれほど難しいことか！

自分のことしか考えない贅沢三昧の貴族や、貴族の真似事をした武士が権力を握ったせいで、世の中は乱れに乱れていました。そこで新しい支配体制を築いたのは、リアリストの源《みなもとの》頼朝《よりとも》でしたね。

彼はまず、朝廷から**「征夷大将軍《せいいたいしょうぐん》」**という官職をもらうことで、武家の頂点に立ったのです。天皇と征夷大将軍による不思議な二重支配体制は、結局この後、明治維新まで続くことになります。

頼朝は、配下の武士たち（**御家人《ごけにん》**）の領地を保障する代わりに、いざという時には戦ってもらうという、ギブアンドテイクの関係（**御恩と奉公**）を結ぶことで、支配権を確立したのです。

源氏の血筋は三代で絶え、その後は**執権《しっけん》**の北条氏が実権を握ることになります。この辺りの血みどろの権力闘争については、21世紀の歴史ドラマですっかり有名になったようです。

ところが、世の中の大半の一般ピープルには、現実に立ち向かって

第四章のポイント

- **政治** 公家と武家の二重支配体制から、武家の優位へ
- **外交** 2度のモンゴル襲来と、武士の奮戦
- **経済** 商業の活発化と、御家人の窮乏
- **文化** 「鎌倉仏教」による個人の救済

エイサイ

『義経妖狐夢幻桜』(72頁)の登場人物。臨済宗を伝えた僧・栄西がモデルと思われる。

頂点に立とうなどという野心はありません。むしろ辛い現実を忘れたいだけなのです。そんなニーズからこの時代には、**浄土宗《じょうどしゅう》**、**浄《じょう》土真宗《どしんしゅう》**、**時宗《じしゅう》**、**日蓮宗《にちれんしゅう》**、**曹洞宗《そうとうしゅう》**など、新たな仏教の宗派が次々と生まれました。私が中国からもたらした**臨済宗《りんざいしゅう》**もその一つですよ。

6世紀に日本に伝来した仏教は次第に国家権力との結びつきを深め、当然ながら腐敗していきました。しかし、新たな潮流として起こった**鎌倉仏教**は違った。南無阿弥陀仏《なむあみだぶつ》と唱えるか、あるいは座禅で修行するか、方法は違えども、民衆に救いをもたらすことを第一の目的としていたのです。

海の向こうに目を転じると、チンギス＝ハンなる武将が統一した**モンゴル帝国**が世界を席巻していました。戦の天才だった源義《みなもとのよし》経《つね》が兄の頼朝に追われ、大陸に渡ってチンギス＝ハンになったというトンデモ伝説も耳にしますが、間違いなく嘘でしょうね。13世紀末、そのモンゴルが日本にも攻めてきてしまいます。この時は日本の武士たちが結束して侵攻を防いだのですが、これを機に御家人たちは窮乏。鎌倉幕府は滅亡へと向かっていきます。

ですが、支配者が変わっても一般ピープルにとっての辛い現実はあまり変わらなかった。戦ばかりの世の中はまだまだ続くのです。

	同時代のタカラヅカ作品	世界のできごと
	『義経妖狐夢幻桜』 『この恋は雲の涯まで』	サラディン、アイユーブ朝建国（1169） 第3回十字軍（1189）
	 『ディミトリ』	第4回十字軍（1202） チンギス＝ハン、モンゴルを統一（1206） ジョージアにて女王ルスダン即位（1223） 第5回十字軍（1228） モンゴル、バトゥの西征（1236） ワールシュタットの戦い（1241） 第6回十字軍（1248）
		第7回十字軍（1270） モンゴル、元を建国（1271）
		仏、フィリップ4世が三部会召集（1302） 教皇のバビロン捕囚（1309～77） 英仏百年戦争（1339～1453）

年表 鎌倉時代×タカラヅカ

西暦	和暦	執権	政治・経済・社会	文化
	建久		源頼朝、挙兵 平氏滅亡（1185） 源義経、死す（1189） 源頼朝、征夷大将軍に（1192～99）	栄西、帰国し臨済宗を伝える（119
1200 …				
		❶時政	源頼家、修禅寺で殺される（1204）	
	承久	❷義時	源実朝、公暁に殺される（1219） 承久の乱（1221）	親鸞『教行信証』著す（1224） 道元、帰国し 曹洞宗を伝える（1227）
		❸泰時	御成敗式目、制定（1232）	
		❹経時		この頃『平家物語』
1250 …	建長	❺時頼		日蓮、日蓮宗を開く（1253）
		❻長時		
		❼政村		
	文永	❽時宗	文永の役（1274）	一遍、時宗を広める（1274）
	弘安		弘安の役（1281）	
	正応	❾貞時		
	永仁		永仁の徳政令（1297）	
1300 …				
		⓮高時		
		⓯貞顕		
		⓰守時		
	建武		鎌倉幕府滅亡（1333） 建武の新政（1334） 足利尊氏、征夷大将軍に（1338）	

シズカ＝静御前
ヨシツネの恋人。亡くなる前に、二人の愛の証の品をツネに預ける。
ツネ
シズカに愛された狐。ヨシツネの死を予見し「忘却の村」にいざなう。
仕える
ベンケイ＝弁慶
僧兵。ヨシツネに辛い過去を忘れさせる術をかける。

ヨシツネ＝源義経
平家を壇之浦に沈めたことを深く悔いている。辛い過去を忘れていたが、ツネと出会って記憶を取り戻し、理想の世の中を夢見る心を取り戻す。

1185／1189

鎌倉幕府の成立

『義経《よしつね》妖狐《ようこ》夢《む》幻桜《げんざくら》』に学ぶ

鎌倉幕府をつくった源頼朝と、その弟の源義経。史実に知られる兄弟の対立を題材とした、この作品のキーワードは「はて」だ。世界の「はて」のその先を目指すヨシツネと「はて」を決めることで新たな国を作ろうとするヨリトモ。狐の化身ツネのいざないで「はてなき村（忘却の村）」に迷い込んだ二人が、それぞれの歩むべき道を見つけていく。

「金《かね》で結びついた」ヨリトモファミリーの結束は、「御恩と奉公」で結ばれた、鎌倉幕府と御家人との関係を表しているようだ。エイサイが支配する「忘却の村」で苦しみを忘れようとする人々は、社会不安の中で鎌倉仏教に救いを求めた人々を彷彿とさせる。古代から中世へ、激動の時代を感じて学ぶのにうってつけの作品でもある。

※併記した漢字名は各キャラクターが想定していると思われる歴史上の人物名。

ヨリトモファミリー

夫婦
仕える
兄弟

ヒロモト＝大江広元《おおえのひろもと》

カゲトキ＝梶原景時《かじわらかげとき》

マサコ＝北条政子
嫉妬深いが、覇道を歩む夫を支える頼もしい妻。

ヤスヒラ＝藤原泰衡《ふじわらのやすひら》
うまく立ち回りつつ「忘却の村」の香を手に入れようとする。

トモモリ＝平知盛
「忘却の村」の用心棒。

ヨシモリ＝和田義盛《わだよしもり》

ホウオウ＝後白河法皇
「忘却の村」の長。

イマワカ＝阿野全成《あのぜんじょう》（今若）

オトワカ＝義円《ぎえん》（乙若）
今若・乙若は頼朝・義経の兄弟の幼名。

エイサイ＝栄西
大陸から持ち帰った「すべてを忘れられる香」こそ人々を幸せにする特効薬と信じ、「忘却の村」をつくる。

ヨリトモ＝源頼朝
幼い頃から修羅の道を歩まねばならず、現実主義者となった。ヨシツネに憧れを抱きつつ憎んでおり、決着をつけることで「理想と現実」が一体となった強い国ができると考えている。

はてなき村（忘却の村）の住人

図解

鎌倉幕府の支配体制

「土地の支配権を保障して欲しい」という武士たちと「いざという時の軍事力が欲しい」という幕府の、現実的な利害関係に基づいて成立した支配体制だった。

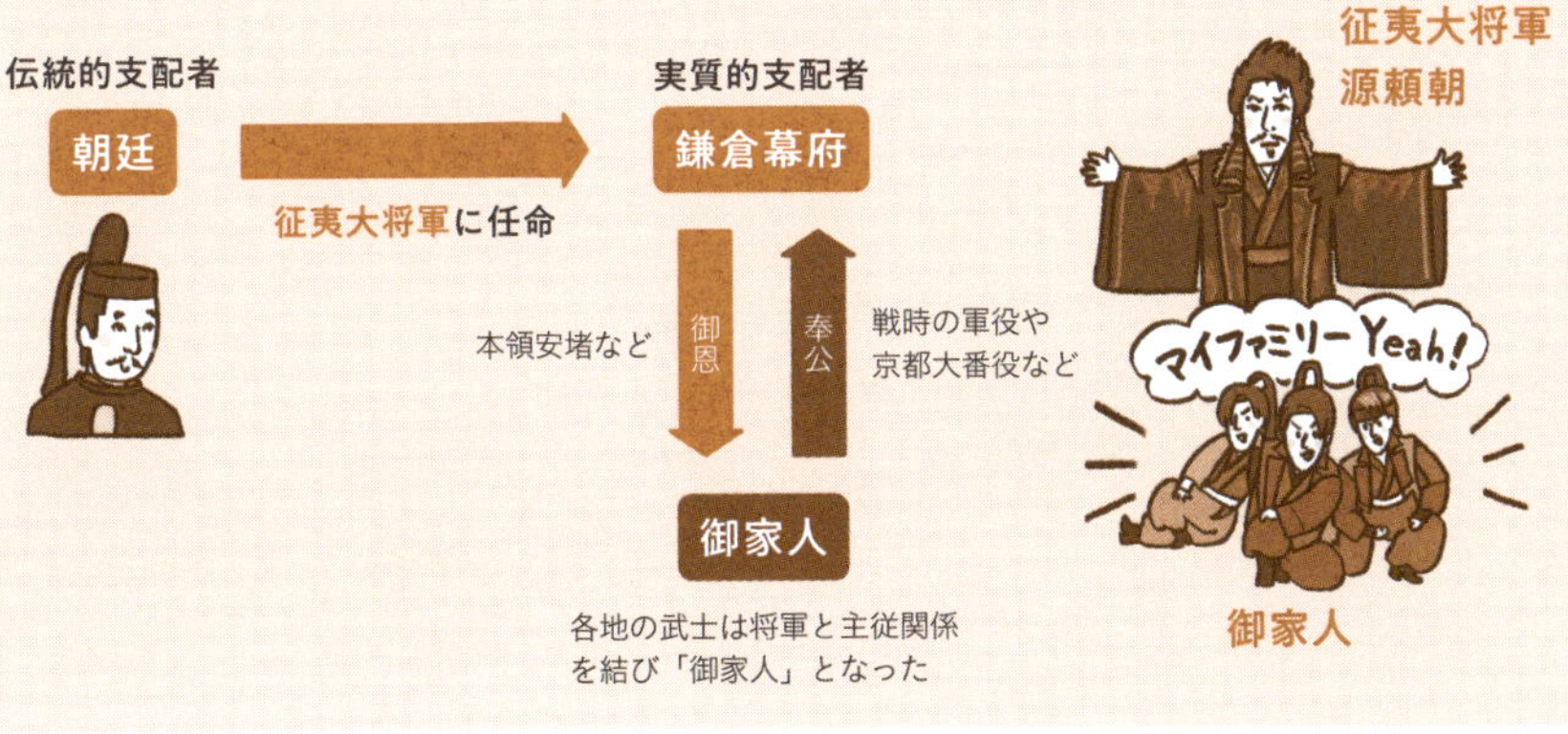
伝統的支配者
朝廷
征夷大将軍に任命
実質的支配者
鎌倉幕府
本領安堵など
御恩
奉公
戦時の軍役や
京都大番役など
御家人
各地の武士は将軍と主従関係を結び「御家人」となった
征夷大将軍
源頼朝
マイファミリーYeah!
御家人

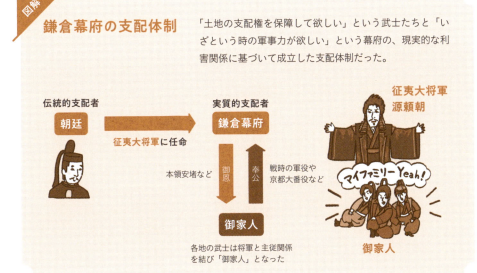

四コマ図解

執権・北条氏の時代
『義経妖狐夢幻桜』と『桜嵐記』の間に何が起こったのか？

1203／1333

タカラヅカではこれまで舞台化されてこなかった時代。実権を握っていたのは北条氏だ。

1 源氏は3代で終了 北条氏が実権を握る

頼朝の死後、執権となった北条時政は2代将軍源頼家を修善寺に幽閉し殺害。3代将軍実朝も頼家の子の公暁に暗殺される。その後は京都から幼い藤原頼経が4代将軍として迎えられ、北条氏が執権として実質的に鎌倉幕府を支配することに。

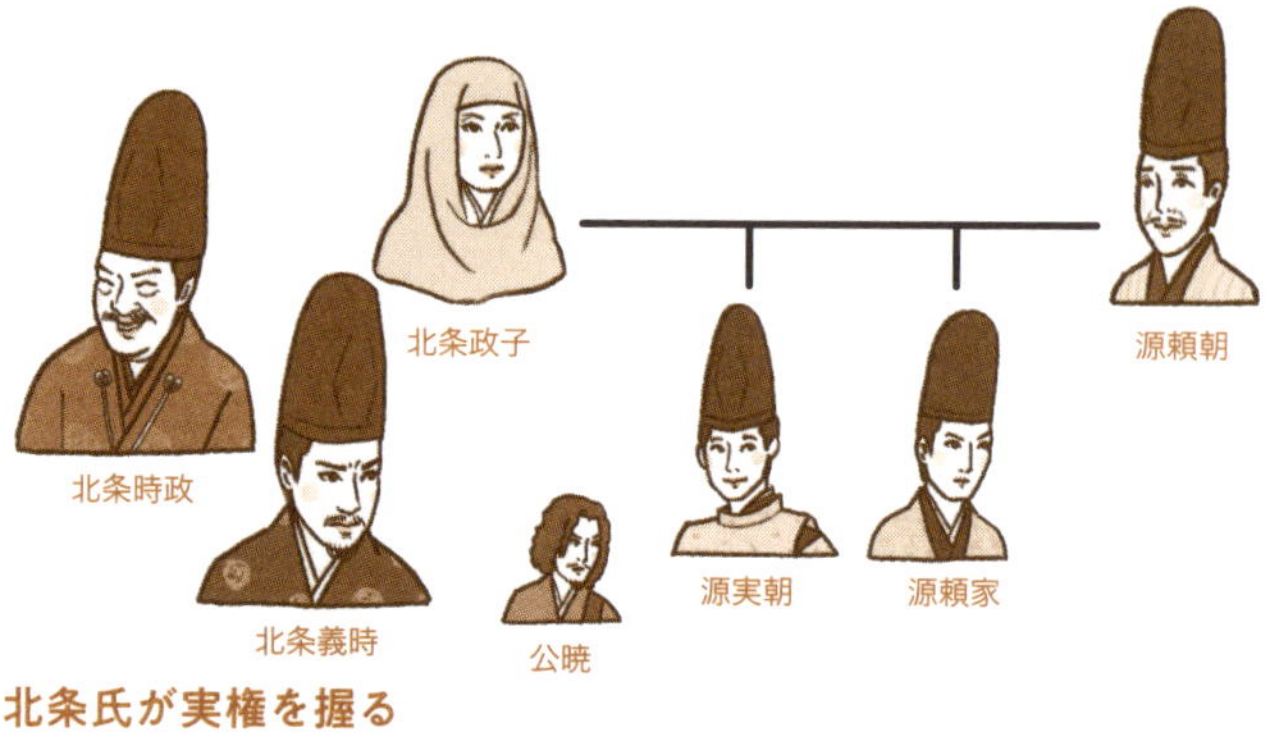

北条政子
源頼朝
北条時政
北条義時
公暁
源実朝
源頼家
北条氏が実権を握る

2 承久の乱に勝利！ 武士の法「御《ご》成敗《せいばい》式目《しきもく》」を制定

承久の乱で後鳥羽上皇に勝利した幕府は、朝廷を監視すべく京都に「六波羅探題」を設置。その支配権は西国にも及ぶことになる。3代執権の北条泰時は武家社会最初の法「御成敗式目」を制定。鎌倉幕府の支配が最も安定した時代だった。

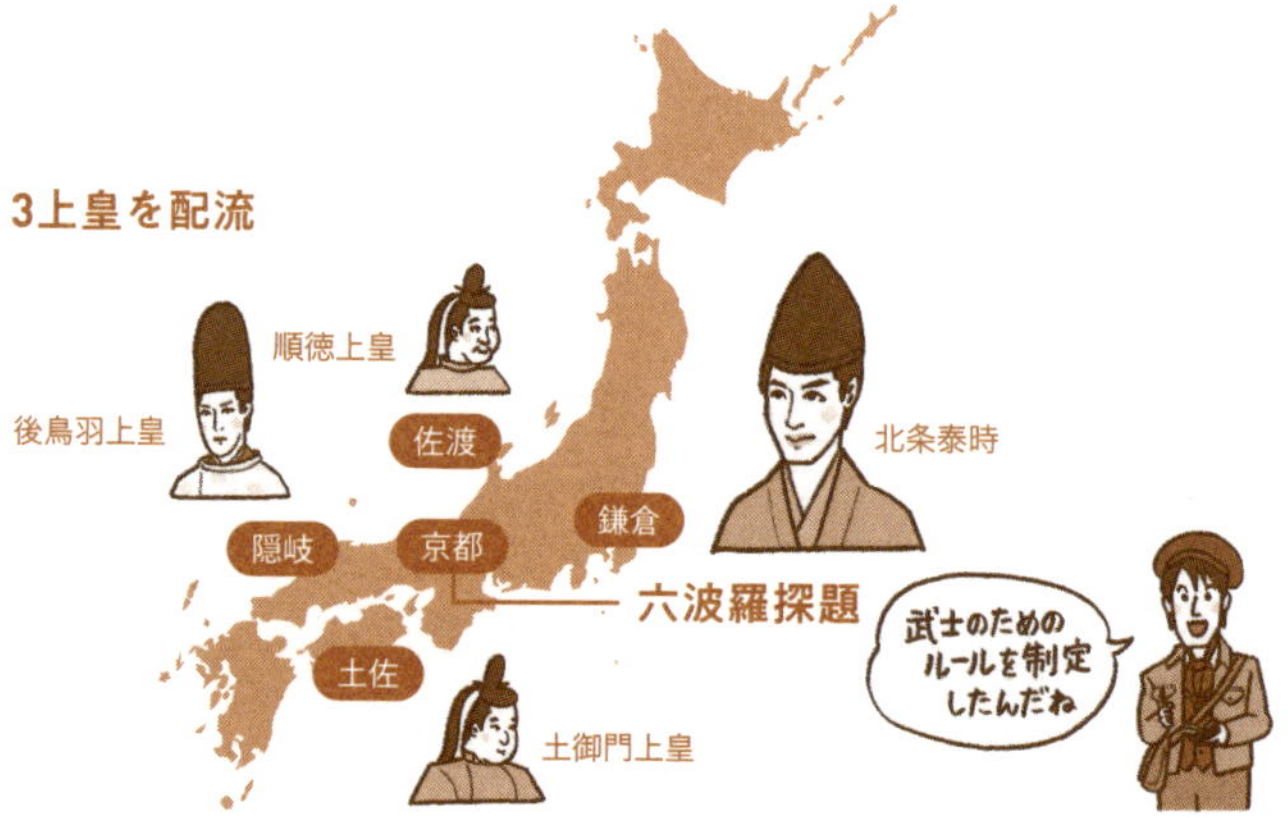

3上皇を配流
順徳上皇
後鳥羽上皇
佐渡
北条泰時
隠岐
京都
鎌倉
六波羅探題
土佐
土御門上皇
武士のための
ルールを制定
したんだね

用語解説

① 摂家《せっけ》将軍・皇族将軍

4代将軍藤原頼経《よりつね》、5代将軍藤原頼嗣《よりつぐ》(頼経の子)は摂家将軍(藤原将軍)と呼ばれる。だが頼経の謀反が発覚したため、6代目から幕府が滅亡する9代目までは皇族から年若い親王を将軍に迎えた(皇族将軍)。6代宗尊《むねたか》親王、7代惟康《これやす》親王、8代久明《ひさあき》親王、9代守邦《もりくに》親王、いずれも形ばかりの将軍だった。

② 承久の乱(1221年)

3代将軍実朝の死後、天皇の復権を目論む後鳥羽上皇は直属軍である「西面の武士」を設けて反乱を起こすが、「尼将軍」北条政子の呼びかけに奮起した鎌倉方に敗北。幕府の処断は厳しいもので、後鳥羽上皇は隠岐へ、土御門《つちみかど》上皇は土佐へ、順徳《じゅんとく》上皇は佐渡へと、3上皇を配流した。

③ 北条時宗

8代執権。18歳の若さで執権となり蒙古襲来を撃退したが、34歳で亡くなった。文永・弘安の役での両軍の死者を弔うために時宗が建立したのが、鎌倉の円覚寺だ。次にタカラヅカが取り上げるならこの人か?ちなみに大河ドラマには2001年に主人公として登場している。

④ 得宗専制《とくそうせんせい》政治

北条時宗の代以降、北条氏の中でも家督を継ぐ嫡流の当主「得宗」への権力集中が進んだ。名称の由来は2代執権・北条義時の法名の徳宗からだという。これに伴い、御家人の中でも得宗家の家臣である「御内人《みうちびと》」は幕府で優遇された。

3 蒙古襲来!
御家人たちは奮戦するも報われず…

元《げん》のフビライ=ハンが日本にも攻めてきた(文永の役・弘安の役)。8代執権・北条時宗の統率のもと九州地方の武士たちが団結し、これを見事に防いだが、領地が増えたわけではないので十分な恩賞が与えられず、御家人たちは困窮する。

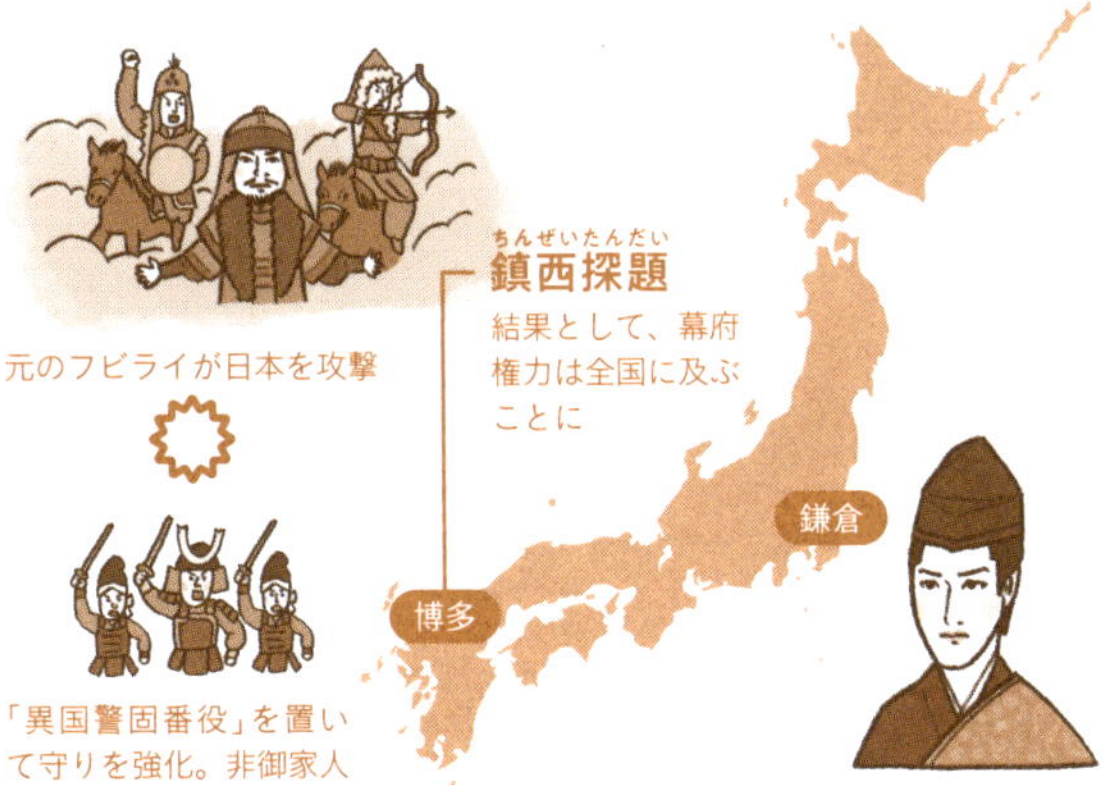

4 得宗専制《とくそうせんせい》政治への不満
立ち上がる後醍醐《ごだいご》天皇

永仁《えいにん》の徳政令《とくせいれい》も効果がなく、得宗専制政治のもとで御家人の不満が頂点に達した。そこで反旗を翻したのが後醍醐天皇だ。一度は失敗して隠岐に配流されるが、足利尊氏が六波羅探題を、新田義貞が鎌倉を攻め落として鎌倉幕府は滅亡した。

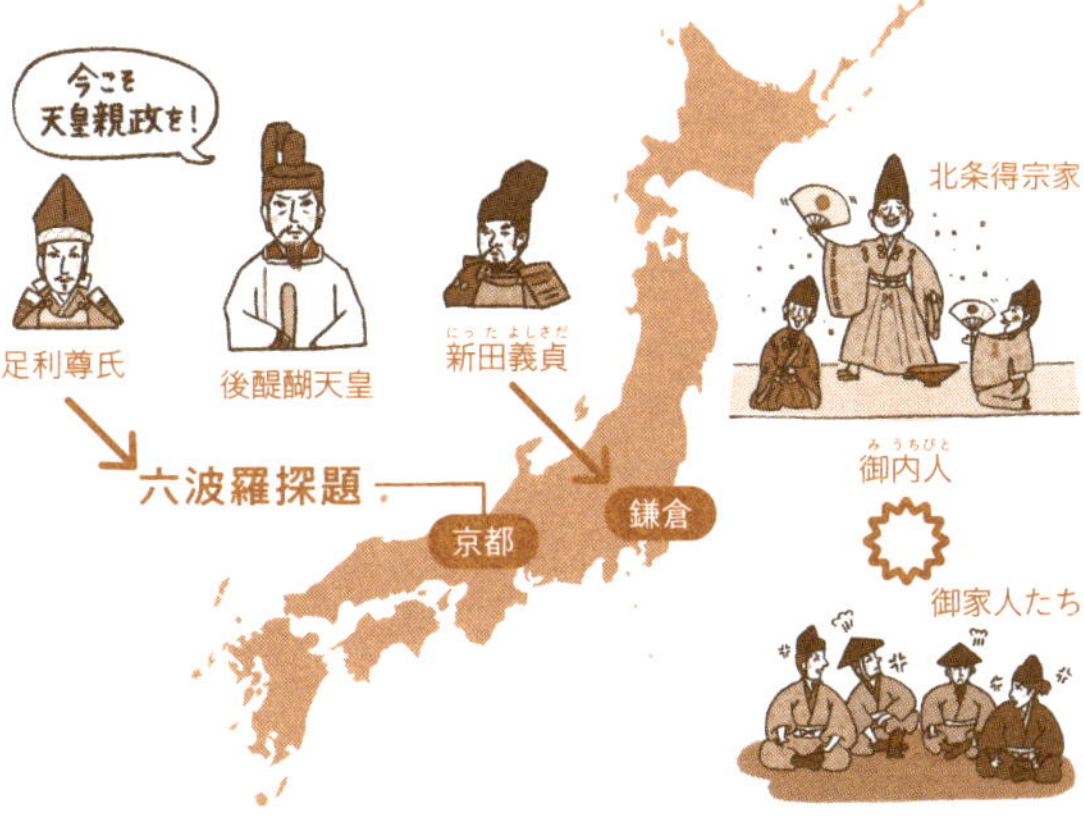

タカラヅカで学べない日本史 1

日本における仏教の歴史

今や、日本人の生活の傍に当たり前のように存在している仏教。だが、そのありようは時代により大きく変わってきた。ここでは仏教が「国家のもの」から「民衆のもの」になっていくまでの過程をたどってみたいと思う。

伝来のころ

仏教は6世紀ごろに朝鮮半島から伝えられた。百済《くだら》の聖《せい》明王《めいおう》が欽明《きんめい》天皇の時に仏像・経論などを伝えたとされる。その後、厩《うまや》戸《と》王《おう》（聖徳太子）や蘇我氏は仏教の受容を積極的に進めた。たとえば、厩戸王が定めた「憲法十七条」の第二条は「篤く三宝を敬へ」だ。「三宝」とはすなわち仏教のことであり、政治理念の中に仏教を取り入れようという意図が伺える。

蘇我氏による飛鳥寺、厩戸王による法隆寺、天武天皇による薬師寺など、為政者による寺院の建立も進められ、仏像も作られた（ちなみに、法隆寺金堂《こんどう》釈迦《しゃか》三尊像《さんぞんぞう》を作ったとされる鞍作鳥《くらつくりのとり》は『あかねさす紫の花』の天比古が憧れた仏師である）。こうして、仏教文化が急速に発展した。

奈良時代：国家仏教の展開

聖武天皇は仏教を厚く信仰していたので、仏教の持つ「鎮護国家」の思想によって国家の安定をはかろうとした。まず、741年には国分寺建立の詔を出し、諸国に国分寺・国分尼寺をつくらせた。そして、743年には大仏造立の詔を出す。奈良に巨大な大仏が造られ、752年に開眼供養が行われた。また、奈良の大寺院では仏教理論の研究も進められ、南都《なんと》六宗《ろくしゅう》（三《さん》論《ろん》・成実《じょうじつ》・法相《ほっそう》・倶舎《くしゃ》・華厳《けごん》・律《りつ》）と呼ばれる学派も誕生した。

この時代、仏教はまさに「国家仏教」となり政治と深く結びついていった。だが、寺院や仏像の建立は国家財政の負担にもなったし、仏教の政治化を嫌い、大寺院を離れて山にこもって修行する僧も出てきた。こうした潮流の中から登場し、平安初期に脚光を浴びたのが最澄《さいちょう》と空海《くうかい》である（48頁参照）。

『義経妖狐夢幻桜』のエイサイ。臨済宗を開いた栄西がモデルか？

平安時代：仏教の密教化

近江出身の最澄は、唐で天台を学んだ後、帰国して天台宗を開いた。讃岐出身の空海も唐に渡り、長安で密教《みっきょう》を学んだ後、真言宗を開いた。2つの宗派の特徴は「密教」であったということだ。密教とは、顕教《けんきょう》（言葉や文字で明らかに説き示される教え）の対義語で、人間の理性によっては把握できない教えのことをいう。なお、最澄が日本に伝えた密教は、後に円仁、円珍らによって大成され台密（たいみつ）と呼ばれる。最澄は空海に教えを乞うものの、最後は仲違いした。

奈良時代に仏教の政治介入が過ぎたことから平安京には奈良の大寺院は移転させないという切り離し策がはかられた。だが、加持祈禱によって災いを避け、国家・社会の安泰を祈り、現世利益を目指す平安仏教は、皇族や貴族たちの心をとらえたのだった。桓武天皇や嵯峨天皇も新しい仏教に期待した。

最澄が開いた比叡山延暦寺は、平安京鎮護の寺院として、仏教教学の中心地として発展していく。ちなみに後の鎌倉仏教の開祖たちの多くも、ここで学んでいる。いっぽう空海は高野山に金剛峯寺を建立したほか、嵯峨天皇から下賜された教王護国寺（東寺）を密教の根本道場としていった。曼荼羅《まんだら》などの密教芸術も発展した。

鎌倉時代：民衆のための仏教に

平安中期、10世紀半ばになると不安な世の中を反映して「浄土教」が流行し始めた。浄土教は、阿弥陀仏《あみだぶつ》を信仰して、来世に極楽浄土に往生することを願う教えである。「末法思想」により、浄土教への信仰はより強められていく。

鎌倉時代になると仏教は大きな変革期を迎え、さまざまな新しい教えが登場した。まず、浄土教の流れをくむものとして、「念仏（南無阿弥陀仏）を唱えれば極楽浄土に行ける」と説いた法然の「浄土宗」、一歩進んで「悪人正機（悪人こそ阿弥陀仏の救いの対象で往生できる）」と説いた親鸞の「浄土真宗」、踊念仏で教えを広めた一遍の「時宗」がある。また、日蓮の「日蓮宗（法華宗）」は「題目（南無妙法蓮華経）」を唱えることで救われる」と説いた。

坐禅によって自らを鍛錬し、釈迦の境地を目指す禅宗の流れをくむものとしては、栄西の「臨済宗」や道元の「曹洞宗」がある。

こうした鎌倉仏教に共通する特色は、それまでは皇族や貴族が対象で学問や祈禱中心であったのが、武士や庶民など広い階層を対象とするようになったこと、そして、選び取られたただ一つの道（念仏・題目・禅）によって救われるとシンプルに説いていることだ。ここにきて仏教の信仰は民衆まで広がりを見せるようになった。

その頃、世界では？

13世紀は何といってもモンゴルの世紀、その版図はユーラシア大陸全域に及んだ。ヨーロッパは十字軍（4〜7回）を派遣し続けるが教会権力は低下し、王権が少しずつ強まった時代だった。

ホラズム・シャー朝
(1077〜1231)
セルジューク朝のトルコ人奴隷(マムルーク)出身者が建国したイスラム王朝。

ジャラルッディーン

ジョージア王国で
女王ルスダン即位(1223)
『ディミトリ』より

ディミトリ
ルスダン

ディミトリ

ルーム・セルジューク朝(1077〜1308)
セルジューク朝の一族がアナトリアに建てた王朝。

- **源頼家が修禅寺で殺害された頃(1204)、チンギス＝ハンがモンゴルを統一した(1206)**
- **永仁の徳政令(1297)が出された5年後に、フランスのフィリップ4世は初めて三部会を招集(1302)**

衣装解剖図鑑

武士の世の中が始まる鎌倉時代、衣装も質実
剛健の中に遊び心が感じられるものに。

第四章の関連作品

2018年雪組バウホール

『義経妖狐夢幻桜』

→72頁

1992年雪組大劇場

『この恋は雲の涯まで』（初演1973年）

源義経が大陸に渡ってチンギス＝ハンになったという伝説をもとにした作品。

1990年雪組バウホール

『花のもとにて春』

牛若丸（源義経）と武蔵坊弁慶との出会いを描く。

第五章

タカラヅカで学ぶ 室町時代

時代ごとの権力者の推移

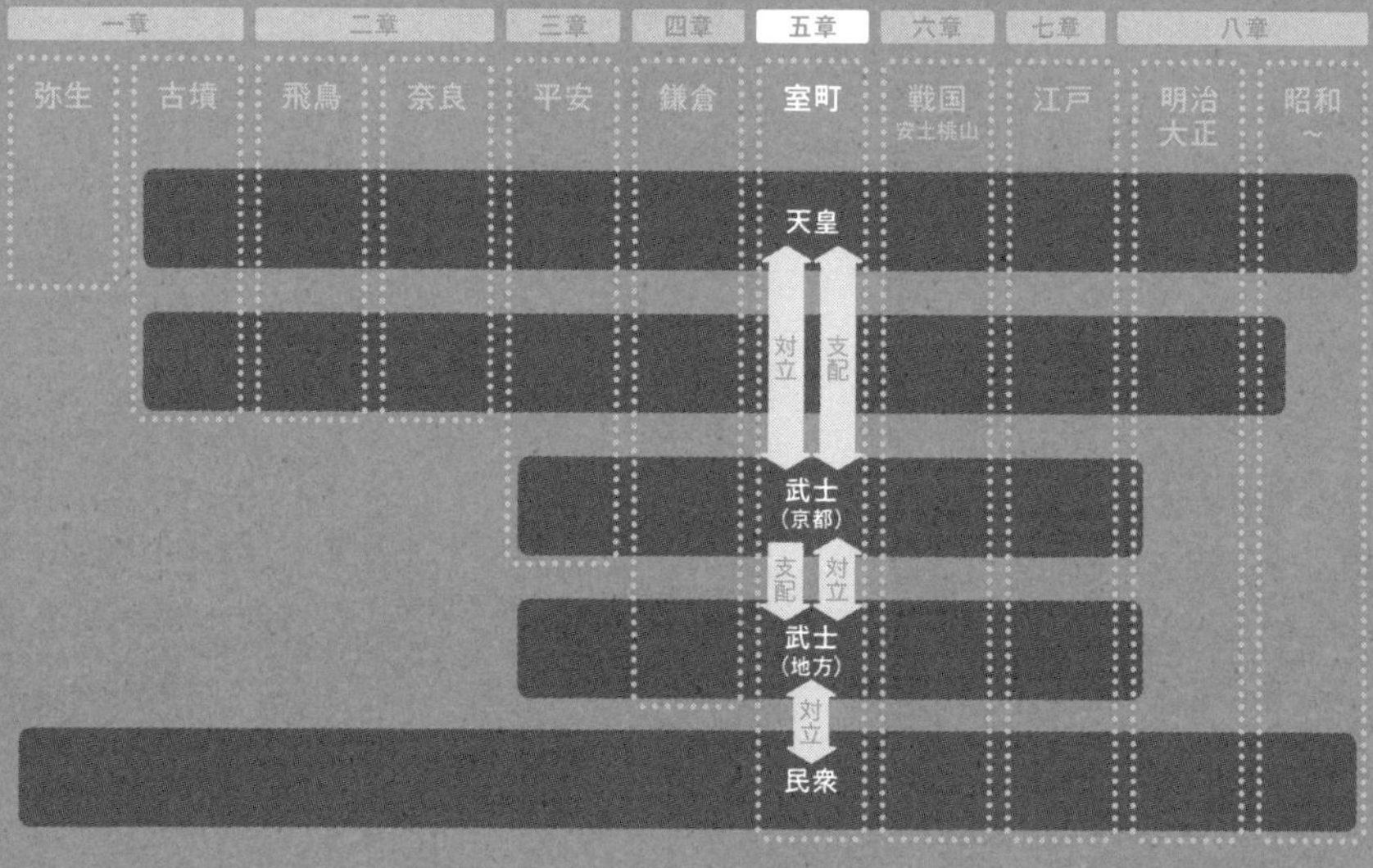

タカラヅカで学ぶ室町時代

南と北に分かれた国を統一し 能楽の文化が花開く

楠木正儀《くすのきまさのり》が語る、室町時代の歴史

兄たちが、まるで桜の花のようにあっという間に散っていってから半世紀近くもの間、わしは生き続けた。そしてただ一人、わしだけが幾度となく春を迎え、咲き誇る桜を眺め続けた。

わしら三兄弟が生きたのは、朝廷が二つに分かれ、帝がこの世に二人おわしたという、おかしな時代。ことの始まりは、鎌倉幕府が滅んだ後の**後醍醐《ごだいご》天皇**による「**建武《けんむ》の新政《しんせい》**」やった。公家優先の政治は武士たちの反感を買い、この気持ちを汲み取って反旗を翻したんが、源氏の血を引く**足利尊氏《あしかがたかうじ》**や。

尊氏は自らが立てた天皇から征夷大将軍に任じられて幕府を開き、後醍醐天皇は吉野に立てこもった。世にいう**南北朝の動乱**や。おそらく、我が父・楠木正成《くすのきまさしげ》もまた北朝の勝利がわかっていたはず。それでも「南朝の帝をお守りせい」というのが父の残した言葉であり、兄たちはこれを忠実に守って死んでいった。だが、わしだけが生き残って3代将軍・**足利義満《あしかがよしみつ》**公による**南北朝合一**にも力を貸し、結果として南朝を葬ることになってしもうた。

第五章のポイント

- **政治** 南北朝の分断から合一へ
- **外交** 明に臣従、勘合貿易の開始
- **経済** 貨幣経済の浸透、全国から京に物資が集まる
- **文化** 芸術性の高い「能」の完成

楠木正儀《くすのきまさのり》

『桜嵐記《おうらんき》』（88頁）に登場する、楠木正成の三男。

思えば、この頃が幕府の一番安定した時代やったのかもしれん。義満公は京都・室町に**「花の御所」**を開き（これが**「室町幕府」**の語源や）、明の国との**勘合貿易**で儲け、北山に豪華絢爛な**金閣**をつくり、そして、**観阿弥《かんあみ》・世阿弥《ぜあみ》**が大成した**能楽**をこよなく愛した。

ところが、6代将軍となった**足利義教《あしかがよしのり》**は「万人恐怖」などと言われるえらい暴君で、有力守護の**赤松満祐《あかまつみつすけ》**に殺されてしもうた（**嘉吉《かきつ》の変**）。この事件を契機に幕府の権威は揺らぎ始めた。

やがて起こったんが、将軍家の家督相続争いを機に、有力守護らが東西に分かれて戦った**応仁の乱**や。この乱は都を戦場にして長う続いた。おまけに、この頃には民の力も強まり、**山城国《やましろのくに》一揆《いっき》**や**加賀の一向一揆**なども起こった。そんなことも8代将軍・**足利義政**はどこ吹く風で、京都・東山での**銀閣**の造営にうつつを抜かしておったらしい。こうして全国の**守護大名**の力が増大した。こうなると、もはや将軍の存在はあってなきが如しや。あの尊氏が開いた室町幕府の行く末も、随分とはかないものやったと思う。

能楽には死んだ武将が蘇ってくる話がたくさんあるらしい。もし、父や兄たちを、かりそめの物語の中でだけでも蘇らせてくれるなら、吉野の桜を思い出しながら昔語りに花を咲かせてみたいもんやのう。

	同時代のタカラヅカ作品	世界のできごと
	『桜嵐記』	仏、フィリップ4世が三部会召集（1302） 教皇のバビロン捕囚（1309～77） 英仏百年戦争（1339～1453） ヨーロッパにペスト（黒死病）流行（1348頃）
		明が建国（1368） 教会大分裂（1378～1417） 李成桂、高麗を倒し、朝鮮建国（1392）
	『更に狂はじ』 『愛聖女』 『睡れる月』	琉球王国の成立（1429） ジャンヌ・ダルク、火刑に（1431） 
	『異人たちのルネサンス』 『PRINCE OF ROSES』	オスマン帝国がビザンツ帝国を滅ぼす・ 英仏百年戦争終結（1453） バラ戦争（1455～1485）  バラ戦争終結、ヘンリー7世即位（1485）

年表 室町時代×タカラヅカ

西暦	和暦	将軍	政治・経済・社会	文化
1300				
			後醍醐天皇が親政開始（1321）	
			鎌倉幕府滅亡（1333）	
	建武		建武の新政（1334）	
			湊川の戦い（1336）	
			足利尊氏、征夷大将軍に（1338）	
			四條畷の戦い（1348）	
1350	（2つの元号）	❶尊氏		
			観応の擾乱（1350～1352）	
		❷義詮	南北朝時代	
				『太平記』成立（1371頃）
		❸義満	足利義満、室町に花の御所造営（1378）	
			南北朝の合一（1392）	金閣造営（1397）【北山文化】
1400				世阿弥『風姿花伝』（1400～18頃）
	応永	❹義持		
		❺義量		
	正長		正長の徳政一揆（1428） 	
	永享	❻義教		
	嘉吉	❼義勝	嘉吉の変（1441）	
1450		❽義政		
	応仁		応仁の乱、はじまる（1467） →応仁の乱、ほぼ鎮まる（1477）	
	文明	❾義尚	山城国一揆（1485） 加賀の一向一揆（1488）	
		❿義材		銀閣造営（1489）【東山文化】
	明応	⓫義澄		

1336／1392

南北朝の対立と室町幕府の成立

『桜嵐記《おうらんき》』に学ぶ

北畠《きたばたけ》顕家《あきいえ》（1318〜38）

武勇に優れ、尊氏を九州まで追い詰めたが戦死（112頁も参照）。

北畠《きたばたけ》親房《ちかふさ》（1293〜1354）

『神皇正統記《じんのうしょうとうき》』を記して南朝の正当性を主張した。

後醍醐天皇《ごだいごてんのう》（1288〜1339）

75頁も参照。平安時代の「延喜・天暦の治」に憧れ「建武の新政」を行うが、復古的すぎて3年で崩壊。吉野に逃れて南朝をおこす。

後村上天皇（1328〜68）

父の遺志を継いで北朝方と戦い続ける。

楠木正行《くすのきまさつら》（?〜1348）

楠木正成の長男。父亡き後の南朝方を束ねるが、「四條畷の戦い」で高師直軍と戦って討死。何のために戦うのか悩み続ける。

弁内侍《べんのないし》

鎌倉幕府に処刑された日野《ひの》俊《とし》基《もと》の娘で、南朝の女官。正行の死後はその供養に人生を捧げたという。

ジンベエ

元は百姓だが正行に惚れ込み、弁内侍の従者となる。

南

北朝の動乱期、死を覚悟して四條畷《しじょうなわて》の戦いにおもむく南朝方の武将・楠木《くすのき》正行《まさつら》の生き様を、南朝の女官・弁内侍《べんのないし》とのはかない恋物語を交えながら描く。正行とは違う価値観を持ちながらも、共に戦う決意をする正時《まさとき》、正儀《まさのり》との兄弟の絆も胸を打つ。

幕開きには複雑な時代背景がたたみかけるように解説される。また、結末は生き永らえた弟、正儀と尼となった弁内侍による回想で幕を閉じる。最初から「散る」ことを宿命づけられた正行の短い人生を歴史の大きな流れの中で見せる構成が巧みだ。

正行の壮絶な最期とは裏腹に、満開の吉野の桜が咲き誇る大詰めは切ないほどに美しい。視座の高さとスケールの大きさを感じさせる、見応えたっぷりの作品である。

楠木正成《くすのきまさしげ》(?~1336)
河内の豪族。天才的な軍略で室町幕府方を打ち破ったが、「湊川の戦い」にて自刃する。最期まで後醍醐天皇に尽くした忠臣。

高師泰《こうのもろやす》(?~1351)
兄と共に四條畷の戦いで楠木正行を破る。

高師直《こうのもろなお》(?~1351)
室町幕府の執事(後の管領)として権力を握る。『仮名手本忠臣蔵』にも憎まれ役として登場。

足利尊氏《あしかがたかうじ》(1305~58)
鎌倉幕府の有力御家人だったが、後醍醐天皇に付いて六波羅探題を攻め落とす。さらに後醍醐天皇からも離反して、室町幕府の初代将軍に。変わり身の早い人生だった。

大田百佑
佑則の息子。姉思いの弟。

楠木正儀《くすのきまさのり》
正成の三男。「戦場は遊び場だ」と言ってのける。三兄弟の中で最も長生きし、南北朝の合一に尽力した。

大田佑則
楠木正行の部下だったが、尊氏方に寝返る。

百合
父親が尊氏方についたため離縁を申し渡されるが応じず、正時の妻であり続ける。

楠木正時《くすのきまさとき》
正成の次男。戦よりも料理が好きな愛妻家。四條畷の戦いで兄と共に討死する。

図解

南北朝の対立はこうして始まった

後深草《ごふかくさ》上皇(兄)と亀山《かめやま》天皇(弟)の対立から、天皇家は持明院統《じみょういんとう》・大覚寺統《だいかくじとう》に分かれた。その後、足利尊氏と後醍醐天皇の対立により、南北朝に分裂した。

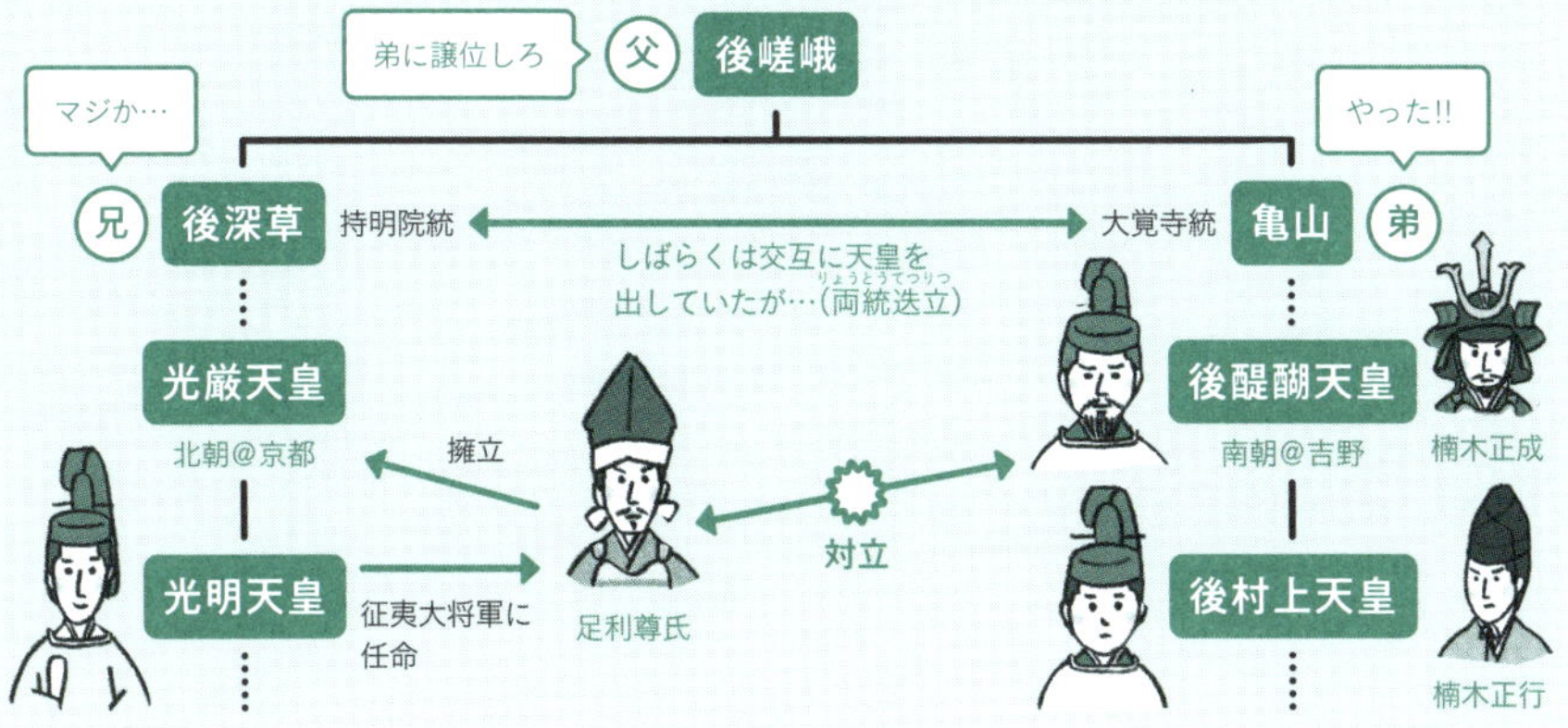

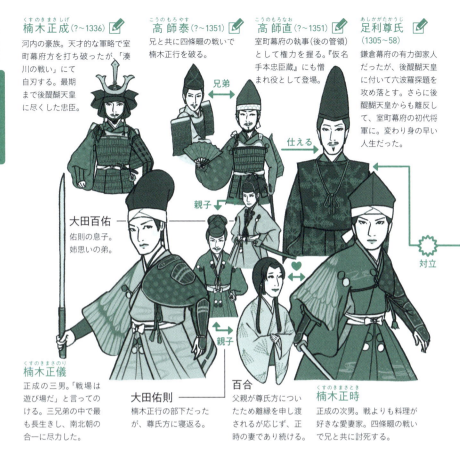

14世紀

権力と芸能

『更に狂はじ』『睡《ねむ》れる月』に学ぶ

『睡れる月』登場人物

「浜松中納言・式部卿宮・大君」は、『浜松中納言物語』の登場人物の名前でもある。

足利義教《あしかがよしのり》
（1394～1441）
6代将軍。「万人恐怖」と恐れられたが、赤松氏に殺害される（嘉吉の変）。

同一人物

式部卿宮《しきぶきょうのみや》
南朝の血を引く宮。幼い頃から足利義教の寵を受けることで家を守ってきた。義弟に同じ苦しみを味わせぬよう心を砕くが、裏目に出る。

義兄弟

観世小次郎信光《かんぜこじろうのぶみつ》
音阿弥の子。本作では狂言回し役でもある。

菊理御前《くくりごぜん》
夫・楠木二郎正頼と共に勇ましく戦う。

楠木二郎正頼《くすのきじろうまさより》
南朝のために最後まで戦う一徹な男。

浜松中納言《はままつちゅうなごん》
弓を引けば大切な人が転生すると信じている。亡くなった大君に会いたい一心で吉野に赴き、南朝を守る武将としての信頼を得る。

大君《おおいきみ》
式部卿宮の妹。嘉吉の変後に命を落とす。

瓜二つ

二宮《にのみや》
南朝の女宮。男宮として育てられている。大君と瓜二つで、浜松中納言に想いを寄せる。

地味なイメージのある室町時代中期を、敢えて舞台として選んだ作品もタカラヅカにはある。能楽師・世阿弥の二人の息子が幕府や朝廷の為政者たちに利用されながらもひたすらに芸を継承していくさまを描いた『更に狂はじ』、圧政により恐れられた6代将軍・足利義教《あしかがよしのり》が殺害される「嘉吉《かきつ》の変」を取り上げた『睡れる月』である。

両作品の背景にあるのが、1392年に足利義満の仲介で合一したはずなのに、なお火種がくすぶり続ける南北朝の関係だ。そこで能楽師をはじめ芸能に携わる者たちが政治権力に翻弄されるさまも描かれる。しかし「たとえ権力者は移り変わっても、芸の道は続いていく」、両作品からはそんな力強いメッセージも伝わってくる。

『更に狂はじ』登場人物

後小松《ごこまつ》上皇
(1377～1433)
北朝の上皇。本作では幕府権力を削ぐ狙いでに南北朝の真の合一を画策するために暗躍する。

世阿弥
(1363頃～1443頃)
観世座の2代目大夫。12歳で3代将軍足利義満に気に入られるが、足利義教の不興を買い、70代で佐渡に流される。

みずのえ
南朝ゆかりの姫。北朝の皇子との政略結婚の駒であったが、元雅と恋仲に。

義円《ぎえん》
(1394～1441)
元重(音阿弥)を寵愛する。5代将軍足利義量《よしかず》が早世した後、くじ引きによって後継者に選ばれ、還俗して6代将軍となった。

金春《こんぱる》氏信《うじのぶ》
後の金春禅竹《ぜんちく》。世阿弥の女婿。円満井座(後の金春座)の棟梁。

観世《かんぜ》元能《もとよし》
元雅の弟。世阿弥の三男。稽古嫌いのお笑い担当。だが史実では父の芸談『申楽談儀《さるがくだんぎ》』をまとめた後に出家する。

観世《かんぜ》十郎《じゅうろう》元雅《もとまさ》
世阿弥の実子。華のある天才肌の役者。作者としても「隅田川」「弱法師《よろぼし》」などを残す。

観世《かんぜ》三郎《さぶろう》元重《もとしげ》
世阿弥の養子。後の音阿弥。観世の芸のため義円の命を受け入れ、弟の命を犠牲にする。世阿弥の後の観世座を引き継いだのはこの人。

図解

能はこうして誕生した

「能」とは元々「劇」の意味。様々な「能」の中の「猿楽の能」が、観阿弥・世阿弥父子によって洗練され、現在の「能」が形作られていった。

散楽《さんがく》 奈良時代に大陸から渡ってきた芸
→ 猿楽《さるがく》の語源

寺社の宗教的パフォーマンス

田楽《でんがく》 農耕儀礼から生まれた芸能

猿楽の能 →

田楽の能 →

「猿楽の能」
一歩リード

観阿弥
上流階級に好まれる作品づくり

世阿弥
「夢幻能」の完成
『風姿花伝』などを執筆

足利義満がパトロンだった

タカラヅカで学べない日本史 2

応仁の乱から戦国時代へ

日本の歴史の中には、タカラヅカ作品がよく作られる時代と、全くそうでない空白の時代がある。
血みどろの戦いが繰り広げられた時代はタカラヅカで舞台化されにくいのかもしれない。
だが、そういう時代は往々にして時代の転換期でもある。ここではその一つ、応仁の乱から戦国時代に向かっていく頃についてみてみよう。

応仁の乱の対立構造と結末

嘉吉《かきつ》の変（88頁）で将軍足利義教《あしかがよしのり》が赤松満祐《あかまつみつすけ》に暗殺されてしまったため、将軍権力は弱体化した。求心力を失った将軍家の周辺では、有力守護家による派閥が形成され、内紛が絶え間なく起こるようになった。こうした状況下で起こったのが応仁の乱である。

もともと室町幕府は将軍と守護大名の合議制で政務が進められる体制であり、将軍を補佐し、政務を統括する職として「管領《かんれい》」があった。管領は細川・斯波《しば》・畠山《はたけやま》の３つの家から交代で就任する習わしだったが、このうち畠山氏と斯波氏でそれぞれ家督争いが起こる。さらに将軍家でも、子どものなかった足利義政に子（義尚《よしひさ》）ができたため、当初、将軍職を譲られるはずであった弟の義視《よしみ》と義尚との間に跡目争いが起こった。

そこに、もともと勢力を争っていた細川勝元《ほそかわかつもと》と、山名持《やまなもち》豊《とよ》（宗全《そうぜん》）が絡み、細川氏が率い足利義尚を推す東軍と、山名氏が率い足利義視を推す西軍という対立構造が出来上がっていったのだ。畠山氏・斯波氏も家督争いをしている者たちが両軍に分かれて戦い、有力守護らもそれぞれ両軍に加担した。１４６７（応仁元）年に始まった戦いは10年にわたって続くことになる（ちなみに開戦時に将軍職にあった足利義政は乱の途中で将軍職を息子の義尚に譲り、乱が終結した後に京都東山に隠棲した）。

銀閣を造営した８代将軍・足利義政。タカラヅカの舞台には登場したことがない

1477（文明9）年に、戦いに疲れた両軍の間で和議が結ばれるという形で乱は終結する。どちらかというと幕府に対する反乱軍の色彩が強かった西軍を東軍が屈服させるような形での終戦ではあったが、圧勝というわけではなかった。また、その後も各地での戦乱はくすぶり続けた。両軍を疲弊させ、主戦場となった京都を荒廃させた末の幕切れであった。

応仁の乱が与えた影響

勝敗自体はなんともすっきりしない結果に終わった応仁の乱だが、この乱で世の中は激変した。

まず、応仁の乱後、ほとんどの大名が京都を離れ、国元に帰ってしまった。それまでは守護大名は京都にいて、領国の運営は守護代（在京した守護に代わって領国の管理を任せられた者）や国人（荘官・地頭が在地に土着し、経営基盤を確立して、領主層に成長した武士）らに任せていたのが、そういうわけにもいかなくなったのだ。そして、守護大名の意見を反映させながら政務を行うという室町幕府の体制は瓦解してしまったのである。

しかし、京都の武士たちが領国に下り、公家たちも彼らを頼って地方に向かったことで、京都の文化が地方へ伝播していくことにもなった。もともと在京の守護大名らは貴族や僧侶らと連歌や茶の湯を楽しむといった文化的交流があったため、守護大名の文化水準は高かったのだ。在国するようになった守護大名らは国元に立派な館を建てた。大内氏が支配した山口のように、京都をモデルとして整備され「西の京」と称されるようになった事例もある。

いっぽう、守護大名が京都で戦いを繰り返していた頃、領国では、在国して戦っていた守護代や国人が力を伸ばし、領国の支配権を彼らが奪い取っていくという現象も起こっていた。こうした者たちの中からも戦国大名が生まれてくることになる。

また、争乱から地域の秩序を守るための「国一揆」も起こるようになった。1485年に起こった山城国一揆は、南山城地方で家督争いのため2派に分かれて戦っていた畠山氏の軍を国外退去させることに成功し、その後8年間にわたり自治的な支配を実現した。また、1488年の加賀の一向一揆では、浄土真宗本願寺派の門徒が国人と手を結んで守護の富樫政親を倒し、その後約100年間にわたって自治的な支配を続けた。

こうして応仁の乱を機に生まれた「下剋上」の風潮の中で、のし上がった実力者たちが全国各地で群雄割拠する戦国時代に突入していくのである。

その頃、世界では？

ヨーロッパでは教会権力が失墜し（ルネサンス前夜）王権が強化（絶対王政前夜）、英仏百年戦争、バラ戦争と続いた。中東ではオスマン帝国が勢力拡大し、ビザンツ帝国を滅ぼす。中国では元が滅び、明が建国。

ジャンヌ・ダルク

英仏百年戦争で戦ったジャンヌ・ダルク、火刑となる(1431)
『愛聖女』より

ヘンリー・テューダー

バラ戦争が終結し、
ヘンリー7世が即位(1485)
『PRINCE OF ROSES』より

レオナルド・ダ・ヴィンチ

ルネサンス、西ヨーロッパ各国に広まる(15世紀)
『異人たちのルネサンス』より

- 四條畷の戦い(1348)の頃、ヨーロッパでペスト(黒死病)大流行(1348頃)
- 山城国一揆(1485)の年、バラ戦争集結、ヘンリー7世即位

衣装解剖図鑑

南北朝の争いが舞台となることが多いので、
貴族と武士の衣装、両方が登場する時代だ。

第五章の関連作品

2021年月組大劇場
『桜嵐《おうらん》記《き》』
→86頁

2005年雪組ドラマシティ
『睡れる月』
→88頁

2000年月組バウホール
『更に狂はじ』
→88頁

第六章

タカラヅカで学ぶ戦国・安土桃山時代

時代ごとの権力者の推移

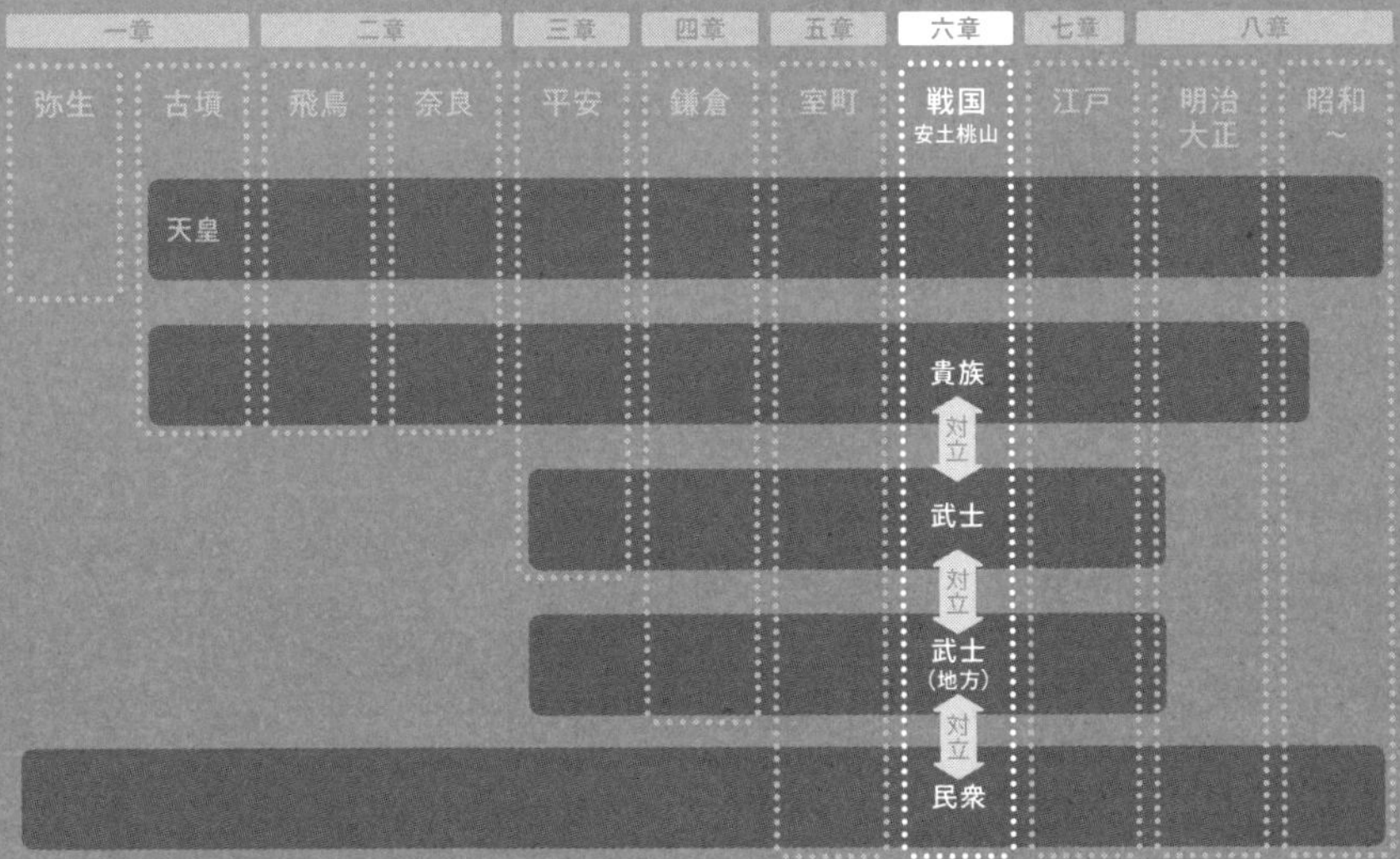
一章
二章
三章
四章
五章
六章
七章
八章
弥生
古墳
飛鳥
奈良
平安
鎌倉
室町
戦国
安土桃山
江戸
明治
大正
昭和
～
天皇
貴族
対立
武士
対立
武士
（地方）
対立
民衆

タカラヅカで学ぶ戦国・安土桃山時代

戦乱の世を舞台に信長、秀吉、家康が順番に天下人《トップスター》に就任

前《まえ》田《だ》慶次《けいじ》が語る、戦国・安土桃山時代の歴史

自由！このかけがえなきものを手に入れるためには、ままならぬ世の中を己の力で生きていく覚悟が必要だ。旧来からの身分や家柄から解き放たれ、誰も守ってはくれぬが、何者にも縛られぬ。俺が生きたのは、そんな稀有な時代だった。

応仁の乱で都が戦場となり、世の中が大混乱に陥ってから、家柄の良い**守護大名**に取って代わったのは、「**下剋上**」でのし上がった**戦国大名**たちだった。俺の実家の前田家も、その流れの中で加賀百万石の大大名となったわけだ。世の中からはみ出した「**かぶき者**」として生きる道を選んだ俺には、あまり関係のない話だがね。

この時代、世界が一つにつながり、スペインやポルトガルといった南蛮の国の船が日本にやって来るようになったことも一大事だった。ポルトガル人が伝えた**鉄砲**は、いくさのやり方をすっかり変えてしまったし、「**キリスト教**」なる教えは多くの貧しい民の心をとらえ、やがて権力者をも恐れさせる力となっていった。

だが、そんな自由闊達な時代は、織田信長・豊臣秀吉・徳川家康

第六章のポイント

- 政治　信長・秀吉・家康による天下統一リレーへ
- 外交　戦国大名の富国政策から、秀吉による統制へ
- 経済　豪華で開放的な安土桃山文化が花開く
- 文化　日本が世界と繋がった時代

前田慶次《まえだけいじ》

『一夢庵風流記 前田慶次』(105頁)の主人公。前田利家の甥。

という、性格も強みも全く違う3人による、ものの見事な天下統一リレーによって終わりを告げることになる。

戦国大名たちの誰もが「天下」を夢見る中で、まず一歩抜きん出たのが、「魔王」の異名をとった**織田信長**だった。商人たちの特権を廃した「**楽市・楽座**」から寺社勢力を打倒した**延暦寺焼き討ち**まで、信長の施策は天才的だったが苛烈を極め、反感も買った。

「本能寺の変」で志なかばに倒れた信長の後をすかさず引き継いだのが**豊臣秀吉**だ。家柄もなく関白にまでなった秀吉は、まさにこの時代の申し子だったが、「**太閤検地《たいこうけんち》**」で税収の基礎を固め、「**刀狩**」で農民たちから武器を取り上げ、身分を固定化していった。

こうして、秀吉が王手をかけた天下統一を最後に達成したのが、持ち前の忍耐力でチャンス到来を待ち続けた徳川家康だ。秀吉が死んだ後、「**関ヶ原の戦い**」に勝利した家康は朝廷から「**征夷大将軍**」に任じられた。以降260年余り、**江戸幕府**の支配体制が続いたことはご承知のとおりさ。

自由から統制へ。激動から安定へ。どちらが性に合うかは人それぞれだ。だが、この時代に生きられた俺は幸せ者でござるよ。戦いも恋も、色々あったけれど楽しい人生だった。

同時代のタカラヅカ作品	世界のできごと
『異人たちのルネサンス』 『PRINCE OF ROSES』	英、テューダー朝成立、ヘンリー7世即位（1485） コロンブス、アメリカに到達（1492） ヴァスコ＝ダ＝ガマ、海路でインド到達（1498）
 『ヴェネチアの紋章』 『EL DORADO』 『壮麗帝』	ルターの宗教改革（1517） マゼラン、世界周航（1519～22） コルテス、アステカ帝国征服（1521） オスマン帝国による第1次ウィーン包囲（1529） ピサロ、インカ帝国征服（1533） プレヴェザの海戦（1538） カルヴァンの宗教改革（1541）
『戦国 BASARA』 『NOBUNAGA』 『ドン・カルロス』 『燃ゆる風』 『ささら笹舟』 『一夢庵風流記』 『エル・アルコン』 『Shakespeare』 『SANCTUARY』 『美しき生涯』 『花吹雪 恋吹雪』	ドイツ、アウクスブルクの和議（1555） フランス、ユグノー戦争開始（1562～98） オランダ独立戦争（1568～1609） レパントの海戦（1571）  英、スペイン無敵艦隊を破る（1588） 仏、ナントの王令（1598）

年表　戦国・安土桃山時代×タカラヅカ

西暦	和暦	将軍	政治・経済・社会	文化
	文明		応仁の乱、はじまる（1467） →応仁の乱、ほぼ鎮まる（1477）	
		❾義尚	山城国一揆（1485） 加賀の一向一揆（1488）	
		❿義材	北条早雲、伊豆の堀越公方を破る（1493）	
1500 …	明応			
		⓫義澄		
	永正	（再） ❿義植		
	大永			
		⓬義晴		
	天文		鉄砲伝来（1543）	ザビエル、キリスト教を 伝える（1549）
1550 …				
		⓭義輝	桶狭間の戦（1560）　川中島の戦（1561）	琉球から三線が伝来 （1560頃）→三味線に
	永禄	⓮義栄	信長の上洛（1568）	信長、キリスト教の 布教許可（1569）
		⓯義昭	姉川の合戦（1570）比叡山の焼討ち（1571） 信長、足利義昭を追放→室町幕府の滅亡（1573）	
	天正		長篠合戦（1575）安土城築城（1576） 本能寺の変、太閤検地開始（1582） 小牧・長久手の戦（1584） 秀吉、関白に（1585） →太政大臣となり豊臣姓を賜る（1586） 刀狩令（1588）	天正遣欧使節（1582～92） 
	文禄		文禄の役（1592～93）	
1600 …	慶長		慶長の役（1597～98）　秀吉死去（1598） 関ヶ原の戦（1600）	朝鮮より 活字印刷・製陶法伝わる

1560／1582

戦国時代と織田信長の覇権

浅井長政《あざいながまさ》
（1545～73）
姉川の戦いで信長・家康の連合軍に敗れ、自刃する。
お市
信長の妹。政略により浅井長政に嫁ぐ。3人の娘のうち長女が後の淀君である。
織田信長（1534～82）
「泣かぬなら　殺してしまえ　ホトトギス」の歌で知られる天下統一リレーのトップバッター。「天下布武《てんかふぶ》」の印判を愛用。
今川義元《いまがわよしもと》
（1519～60）
桶狭間の戦いで信長軍に敗れ、討死する。
森蘭丸《もりらんまる》
信長の小姓。本能寺の変にて信長に殉じる。
夫婦
仕える
仕える
弥助《やすけ》
織田信長の家臣。黒人。
比叡山の僧兵
信長は比叡山延暦寺を焼討ちし、寺社勢力に大打撃を与えた。

『NOBUNAGA ー下天の夢ー』に学ぶ

「うつけ者」か「天才」か、「魔王」か？　群雄割拠から抜きん出て、天下統一への布石を打った織田信長の生き様を描いた野心作だ。敗者に焦点を当てることの多いタカラヅカ作品の中では異色作である。

「ロックミュージカル」と称し、桶狭間の戦い（1560）から本能寺の変（1582）までをスピーディに見せる展開は、信長の人生そのものだ。天下統一の野望のためには手段を選ばぬ信長だが、「俺は恨みのために人を殺したことはない」という言葉が潔い。

名だたる戦国大名が総出演するという点で、日本史の勉強にもなる。その中で、信長周辺の人物を次々と惑わしていくロルテスの存在がユニークだ。この時代、日本が世界と繋がり始めたことも感じさせる作品である。

気にかける
好き
惑わす
惑わす
兄弟
夫婦
夫婦

オルガンティノ
イエズス会の宣教師。本作ではロルテスの危うい行動を心配そうに見守る。

ロルテス
イエズス会と共にやってきたローマ出身の騎士。信長周辺の人物の離反工作に暗躍する。後に山科勝成と改名し信長に仕えたという説もある。

足利義昭《あしかがよしあき》(1537～97)
信長の後ろ盾で将軍となったが、信長と敵対したため追放される。そして室町幕府は滅亡した。

妻木《つまき》
本作では明智光秀の妹で、帰蝶に仕える女性として登場。ロルテスに惑わされ、信長暗殺を謀る。

前田利家《まえだとしいえ》
(1538～99)
信長の家臣。後に秀吉・家康に従い、加賀前田家の始祖となる。

佐脇良之《さわきよしゆき》
前田利家の弟。本作では妻木と恋仲。

まつ
前田利家の妻。

ねね
羽柴秀吉の妻。

羽柴秀吉《はしばひでよし》
(1537～98)
低い身分から成り上がった有能な家臣。光秀から「サル」と呼ばれる。

明智光秀《あけちみつひで》
(1528?～82)
元は足利義昭に仕えていたが、信長の臣下に。秀吉からは「キンカン」と呼ばれる。

帰蝶《きちょう》
斎藤道三の娘で織田信長の正室となった。濃姫《のうひめ》とも呼ばれる。本作では美濃で幸せに暮らすことを望む女性として描かれる。

図解

16世紀には世界が一つに

ヨーロッパにおける「大航海時代」の始まりや「宗教改革」の余波は、やがて日本に及ぶことになる。

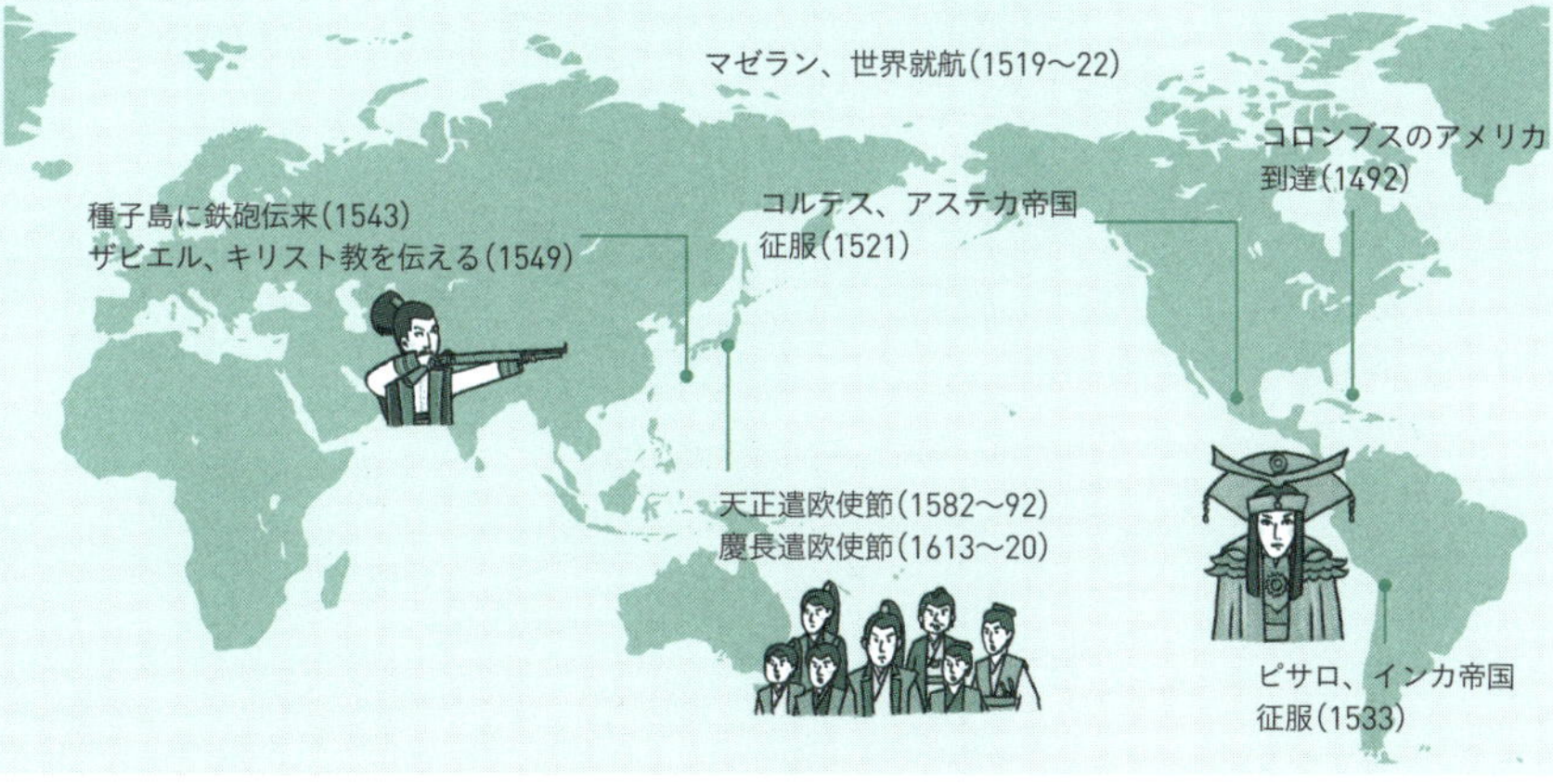
マゼラン、世界就航(1519～22)
コロンブスのアメリカ到達(1492)
コルテス、アステカ帝国征服(1521)
種子島に鉄砲伝来(1543)
ザビエル、キリスト教を伝える(1549)
天正遣欧使節(1582～92)
慶長遣欧使節(1613～20)
ピサロ、インカ帝国征服(1533)

この人に注目！

戦国武将オールスター名鑑

タカラヅカ作品で活躍する戦国大名たち

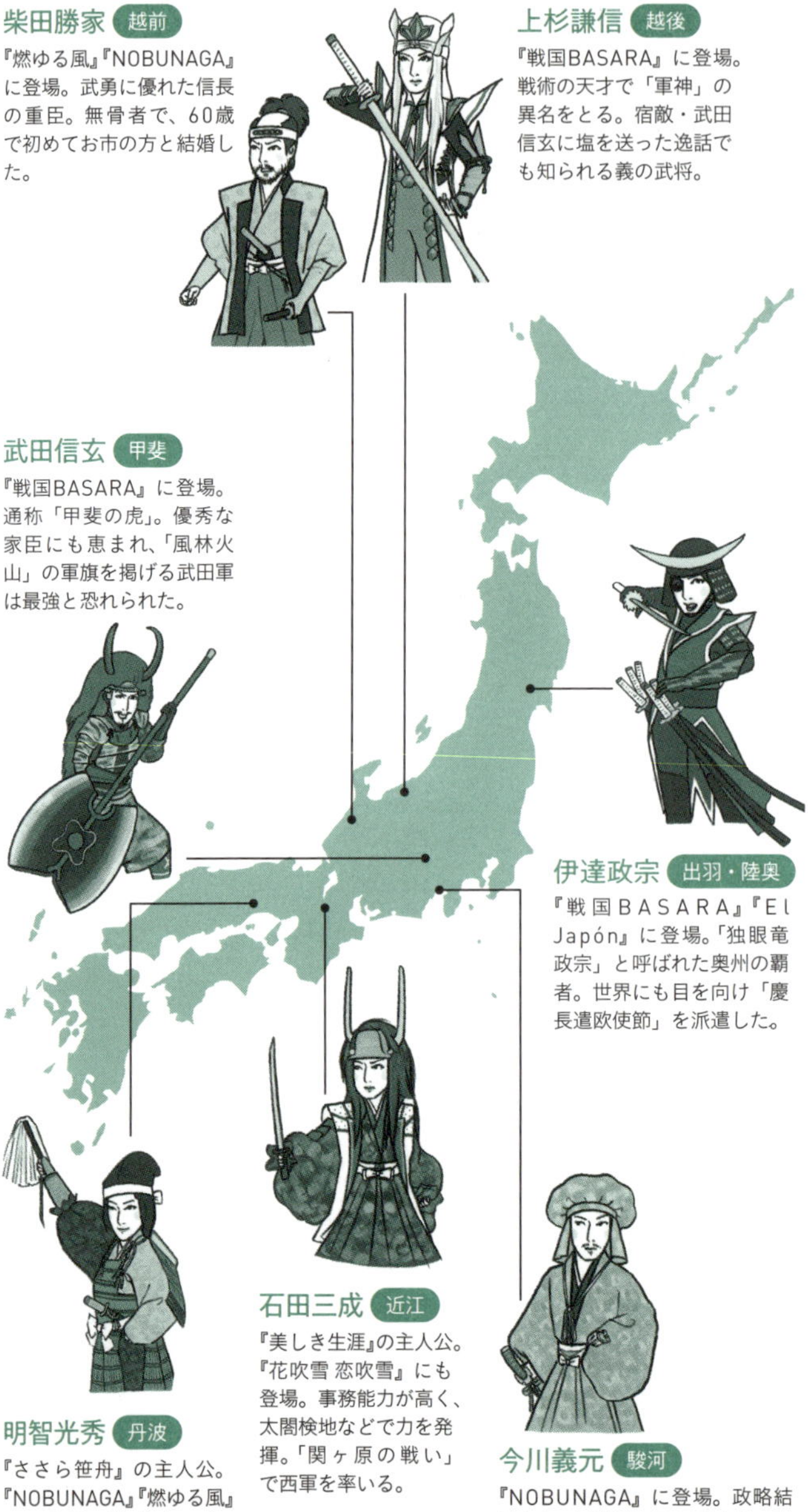

柴田勝家 越前

『燃ゆる風』『NOBUNAGA』に登場。武勇に優れた信長の重臣。無骨者で、60歳で初めてお市の方と結婚した。

上杉謙信 越後

『戦国BASARA』に登場。戦術の天才で「軍神」の異名をとる。宿敵・武田信玄に塩を送った逸話でも知られる義の武将。

武田信玄 甲斐

『戦国BASARA』に登場。通称「甲斐の虎」。優秀な家臣にも恵まれ、「風林火山」の軍旗を掲げる武田軍は最強と恐れられた。

伊達政宗 出羽・陸奥

『戦国BASARA』『El Japón』に登場。「独眼竜政宗」と呼ばれた奥州の覇者。世界にも目を向け「慶長遣欧使節」を派遣した。

明智光秀 丹波

『ささら笹舟』の主人公。『NOBUNAGA』『燃ゆる風』にも登場。「本能寺の変」で一発逆転を狙うも失敗。領地では善政を行った。

石田三成 近江

『美しき生涯』の主人公。『花吹雪 恋吹雪』にも登場。事務能力が高く、太閤検地などで力を発揮。「関ヶ原の戦い」で西軍を率いる。

今川義元 駿河

『NOBUNAGA』に登場。政略結婚などで近隣諸国と同盟を結ぶ政治力には長けていたが、桶狭間の戦いでまさかの敗北。

タカラヅカの信長・秀吉・家康

「鳴かぬなら…」殺してしまう信長、鳴かせる秀吉、ひたすら待つ家康。3人は、タカラヅカ作品でもさまざまな顔を見せている。

さまざまな家康

「忍耐の人」は、タカラヅカでも味わい深い顔を見せる。

『一夢庵風流記　前田慶次』
「二郎三郎」と名乗り、虎視眈々と天下を狙う。

『美しき生涯』
満を持して天下分け目の戦いに挑む。

さまざまな信長

戦国時代のスターといえば、やはりこの人か。

『ささら笹舟』
光秀を折檻する嫌な上司。

『燃ゆる風』
手段を選ばぬ強気なリーダー。

『NOBUNAGA』
押しも押されぬ主人公！

さまざまな秀吉

若き日から老年まで、3人の中では最も多彩に描かれている。

『燃ゆる風』
志高く乱世の終息を願う。

『NOBUNAGA』
野心を心に抱くイケメン。

『ささら笹舟』
信長の元でうまく立ち回る。

『美しき生涯』
三成の前に立ちはだかる恋敵。

『一夢庵風流記　前田慶次』
老獪なる天下人。

女子も頑張っている！

さまざまな茶々

『花吹雪　恋吹雪』

『美しき生涯』

さまざまなねね

『NOBUNAGA』

『美しき生涯』

さまざまな濃姫

『燃ゆる風』

『NOBUNAGA』

四コマ図解

信長・秀吉・家康の天下統一リレー

1560／1603

絶妙な役割分担で天下統一へのバトンを繋いだ3人。その流れをタカラヅカ作品で振り返ってみよう。

1 戦国大名の群雄割拠から…一歩リードした信長

各地の戦国大名が天下を狙った時代。宿敵であった甲斐の武田信玄と越後の上杉謙信は、川中島で5度も戦ったが勝敗は決着しなかった。いっぽう織田信長は桶狭間の戦いで今川義元にまさかの勝利。将軍・足利義昭を擁して都に向かう。

上杉謙信
真田幸村
いのり
かすが
川中島の戦い
武田信玄
猿飛佐助

※史実では川中島の戦い（1561年）の頃に幸村は生まれていない。

『戦国BASARA』より

---

2 信長、天下統一へ王手！ …からの「本能寺の変」

姉川の合戦で浅井・朝倉軍を、長篠の合戦で武田軍を撃破した信長は、比叡山の延暦寺を焼討ちして寺社勢力も押さえ込み、安土城を築城して天下統一に王手をかけた。だが「本能寺の変」で明智光秀に裏切られ、48年の生涯を終える。

『ささら笹舟』より

旅の雲水
妻木幸四郎
夢幻の如くなり
人間五十年 下天のうちを比ぶれば
織田信長
熙子《ひろこ》
明智光秀

光秀の妻・熙子は夫とその影武者を共に愛してしまう

『NOBUNAGA』より

3 秀吉による継承

山崎の戦いですかさず明智光秀を破った羽柴秀吉が信長の後継者として、太閤検地と刀狩で支配体制を固めていく。秀吉は関白、そして太政大臣となり、朝廷から「豊臣」姓を賜った。晩年は朝鮮にも出兵するが、失敗に終わる（文禄・慶長の役）。

『一夢庵風流記　前田慶次』より

豊臣秀吉
虎視眈々と天下を狙う
二郎三郎（実は家康）
かぶき者・前田慶次

---

4 家康による完成

小牧《こまき》・長久手《ながくて》の戦いで秀吉と引き分けた徳川家康は、移封された関東に江戸城を築き、着々と勢力基盤を固めた。秀吉亡き後の五大老・五奉行体制の中で抜きん出た家康は、天下分け目の「関ヶ原の戦い」に勝利して、江戸幕府を開く。

『美しき生涯』より

石田三成
淀君（茶々）
徳川家康

用語解説

1 守護大名と戦国大名

「守護大名」は、鎌倉時代に比べて権限が拡大した室町時代の守護のことをいう。対する「戦国大名」は応仁の乱（1467〜77）の後に登場してきた大名で、将軍から「守護」に任命されたわけではなく実力による「下剋上」で守護代や国人からのし上がった者も多かった。

2 足利義昭《あしかがよしあき》

室町幕府第12代将軍足利義晴の子で、第14代将軍義輝の弟。将軍職を継げる可能性がなかったため僧侶になっていたが、紆余曲折の末に信長に擁立されて第15代将軍に。だが、打倒信長を図ったことがばれて追放され、室町幕府は滅亡した。

3 太閤検地《たいこうけんち》

室町時代は徴税にあたっては土地の生産力をお金に換算した「貫高制《かんだかせい》」が用いられていたが、各地によって基準がバラバラであった。そこで秀吉は実際に検地を行い、土地の生産力を米の収穫量で表す「石高制《こくだかせい》」を用いることに。検地では統一の検地竿《けんちざお》と京枡《きょうます》が使用された。

4 関ヶ原の戦い（1600年）

五大老の筆頭・徳川家康が率いる東軍と、秀吉体制を継承して実務を行う五奉行の筆頭・石田三成が率いる西軍の戦い。五奉行と反目する、加藤清正や福島正則といった秀吉子飼いの武将たちが東軍につき、家康以外の五大老たちは西軍についた。戦況は初め互角だったが、小早川秀秋《こばやかわひであき》の裏切りにより東軍が勝利した。

その頃、世界では？

ヨーロッパは大航海時代、「太陽の沈まぬ国」スペイン・ポルトガルが世界の覇権を握った。いっぽう宗教改革が進む中、宗教戦争が激化した時代でもあった。イスラム世界ではオスマン帝国が全盛期、中国では明が衰退期を迎えていた。

スレイマン

オスマン帝国、スレイマン大帝の時代に全盛期
『壮麗帝』より

ティリアン
ギルダ

イギリスがスペイン無敵艦隊を破る（1588）
『エル・アルコン』より

アンリ・ド・ナヴァール
マルグリット・ド・ヴァロア

フランスでユグノー戦争終結、ナントの王令（1598）
『SANCTUARY』より

- 北条早雲が伊豆の堀越公方を破り（1493）、戦国時代の幕が開いた頃、コロンブスはアメリカに到達した（1492）
- 信長が比叡山を焼き討ちにした年（1571）、レパントの海戦でスペインがオスマン帝国に勝利した
- 秀吉が刀狩令を出した年（1588）、イギリスがスペイン無敵艦隊を破る

衣装解剖図鑑

武士たちが戦に明け暮れた「下剋上」の時代。
舞台上でも勇ましい甲冑姿が見られる。

前田慶次
鮮やかな
赤の鎧
長い脇立《わきだて》
石田三成
キラキラのラ
インストーン
入りの陣羽織
織田信長
鋲《ひょう》打ちの革ジャン
風パンクな印象
赤の鎧重厚なマント
をひるがえす！

2000年雪組バウホール

『ささら笹舟』

→104頁

明智光秀の生涯を新たな解釈で描く。光秀には実は影武者がいたという設定。影武者もまた光秀も妻・熙子を愛してしまう。

2000年星組バウホール

『花吹雪 恋吹雪』

伝説の怪盗・石川五右衛門の誕生秘話を描く。同時代の羽柴秀吉や石田三成らも登場。

第六章の関連作品

2017年星組バウホール
『燃ゆる風 ―軍師・竹中半兵衛―』
豊臣秀吉を支えた軍師、竹中半兵衛が駆け抜けた生涯を描く。同じく秀吉の軍師として活躍した黒田官兵衛、半兵衛の才を見抜いた織田信長らも登場。

2016年月組大劇場
『NOBUNAGA＜信長＞ ―下天の夢―』
→100頁

2014年雪組大劇場
『一夢庵風流記　前田慶次』
→105頁
隆慶一郎作の小説を舞台化。前田利家の甥であり、天下の「かぶき者」として名を馳せた前田慶次の痛快な生き様を描く。

2013年花組シアターオーブ
『戦国BASARA』
→104頁
人気ゲーム「戦国BASARA」のミュージカル化。真田幸村を主人公とし、上杉謙信との対決を描く。武田信玄、伊達政宗、猿飛佐助らも登場。

2011年宙組大劇場
『美しき生涯』
→105頁
関ヶ原の戦いに散った石田三成の生涯を、豊臣秀吉の側室・茶々（淀君）との忍ぶ恋を絡めながら描く。

タカラヅカ作品に登場する 征夷大将軍

ここでは征夷大将軍たちの、タカラヅカの舞台上での活躍ぶりを見てみよう。

坂上《さかのうえ》田村麻呂《たむらまろ》 初代

『阿弖流為』にて、主人公・阿弖流爲と戦う。二人は好敵手だが互いに認め合う関係でもある(54頁)。

源《みなもとの》　頼朝《よりとも》 鎌倉幕府将軍

『義経妖狐夢幻桜』での役名はヨリトモ。対照的な生き方をする弟・ヨシツネと対立する(72頁)。

足利尊氏《あしかがたかうじ》 室町幕府将軍

『桜嵐記』にて、楠木正行ら南朝の軍の前に立ちはだかる北朝の将。正行に寝返るよう説得するが失敗する(86頁)。

足利義教《あしかがよしのり》 室町幕府将軍

『更に狂はじ』では将軍職につく前の僧・義円として登場。『睡れる月』では、嘉吉の変にて殺害される様が描かれる(88頁)。

1 徳川家康《とくがわいえやす》

『一夢庵風流記 前田慶次』では「二郎三郎」という役名にてお忍びで登場(105頁)。『野風の笛』では主人公・松平忠輝の父として登場。

2 徳川秀忠《ひでただ》

『野風の笛』に登場。松平忠輝の兄にあたるが、忠輝を脅かす存在に。

3 徳川家光《いえみつ》

『MESSIAH』に登場。「島原の乱」が起こった時の将軍(120頁)。

4 徳川家綱《いえつな》

『MESSIAH』に登場。「島原の乱」の真相を知りたいと考え、絵師の山田右衛門作を呼び出す(120頁)。

5 徳川綱吉《つなよし》

『元禄バロックロック』に「ツナヨシ」として登場。クラノスケ(大石内蔵助)ら赤穂浪士とコウヅケノスケ(吉良上野介)との対立をあっと驚く方法で解決してみせる(124頁)。

6 徳川家宣《いえのぶ》

7 徳川家継《いえつぐ》

8 徳川吉宗《よしむね》

『星逢一夜』にて享保の改革に着手。この時行われた年貢の取り立て方の変更が、三日月藩での一揆につながっていく(126頁)。

9 徳川家重《いえしげ》

10 徳川家治《いえはる》

11 徳川家斉《いえなり》

12 徳川家慶《いえよし》

13 徳川家定《いえさだ》

14 徳川家茂《いえもち》

『武蔵野の露と消ゆとも』に登場。公武合体論により、皇女・和宮が降嫁した将軍。

15 徳川慶喜《よしのぶ》

『維新回天・竜馬伝!』では、慶喜は坂本竜馬と対面し「幕府にもお前のような気骨のある家臣がいれば」と涙する。髷に軍服の組み合わせが印象的。

妄想劇場その4

戦場に散った花将軍・北畠顕家《きたばたけあきいえ》が主人公になるなら？

疾風怒濤ミュージカル

『駆ける顕家《あきいえ》ー北畠顕家の生涯ー』

北畠親房《ちかふさ》の息子、顕家は韋駄天《いだてん》の加護を宿して生まれた。美しく聡明で、そして乗馬の技はまさに人馬一体であり誰も追いつくことができない青年だった。やがて顕家は日野資朝《ひのすけとも》の娘・白露《しらつゆ》と愛し合う。白露は顕家の背に韋駄天を幻視し、顕家はその加護を知った。「私の人生は韋駄天のように早いので、隣にいると苦労しますよ」という顕家に対し、白露は「どんな永遠よりも長い一瞬があります」と答える。

足利尊氏の進軍を撃破すべく、はるばる陸奥から京への遠征を要請される顕家。自分の運命に殉じようと決意した顕家は、鬼神のように活躍した。顕家は戦場に顕現した韋駄天と対話する。「私はまだ何も成し遂げていないのに、もう行かなくてはならないのですか」「そなたは今までずっと走り続けてきた。これでやっと休めるのだ」。1338年、高師直《こうのもろなお》軍に敗れた顕家は21歳で討死した。尼となった白露は「亡き人の形見の野辺の草枕　夢も昔の袖の白露」と詠むのだった。

【解説】北畠顕家は、南朝の忠臣・北畠親房の長男。公家ながら武勇に優れ、陸奥守として奥羽を統治していたが、足利尊氏の反乱を討つために西へ向かう。一度は尊氏を九州まで敗走させるほどに追い詰めたが、後に戦況は逆転し、和泉石津にて戦死した。北畠顕家は『桜嵐記』(86頁)にも登場するが、その儚い人生にスポットを当てた作品である。

第七章

タカラヅカで学ぶ 江戸時代

時代ごとの権力者の推移

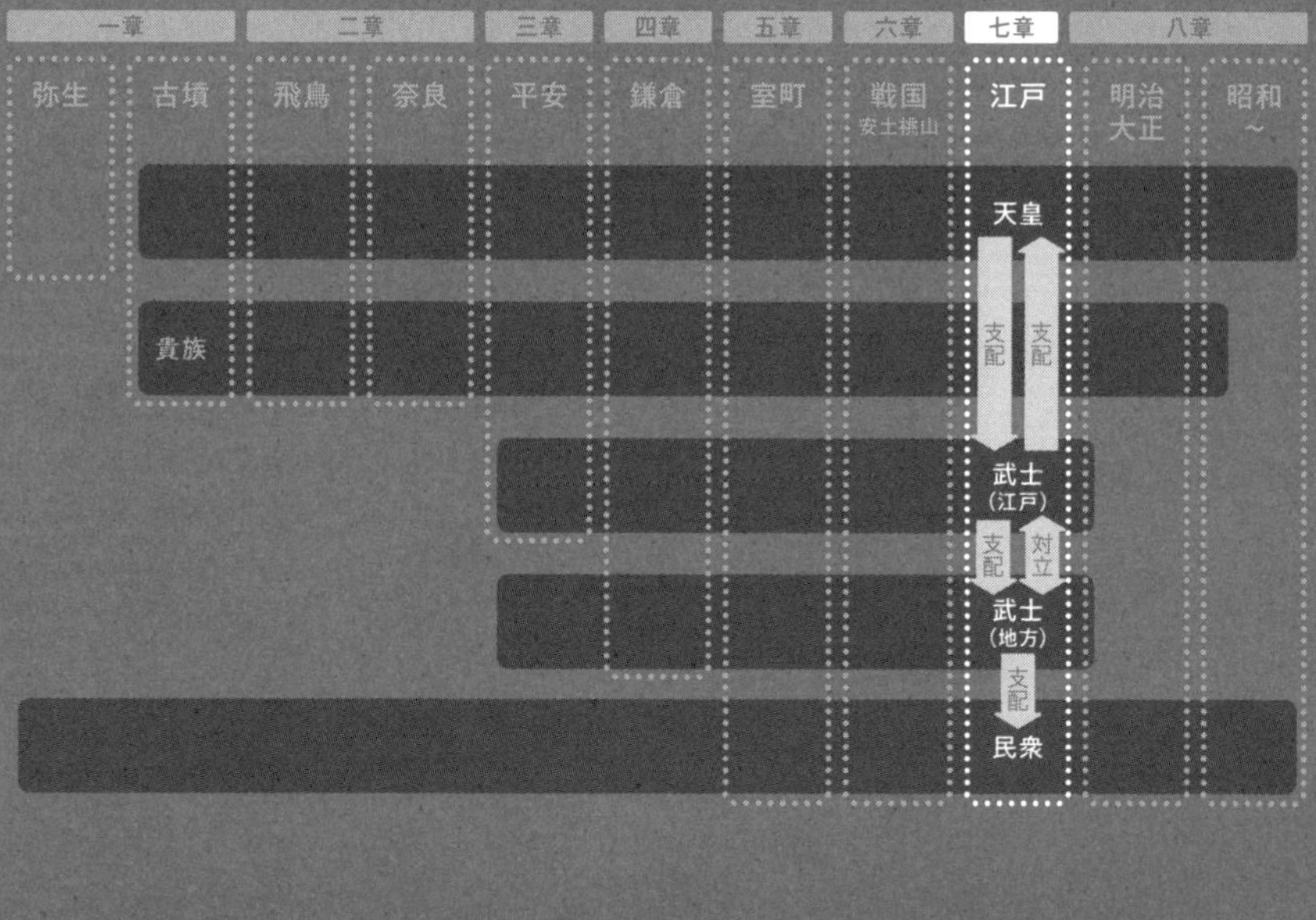

タカラヅカで学ぶ江戸時代

独自の文化が花開く 絢爛豪華な町人たちの時代

キラが語る江戸時代

もし、好きな時代に移動できるとしたら、あなたはどの時代に行きたいかしら？　天下泰平と言われる江戸時代はおすすめよ。でも、260年以上も続いたから、前半・中ごろ・後半のどのあたりにタイムスリップするかでちょっと違うかもしれないわね。

1603年に徳川家康が征夷大将軍となってから数十年は、**幕藩体制**も安定していなくて、「**武《ぶ》家《け》諸《しょ》法《はっ》度《と》**」や「**禁《きん》中《ちゅう》並《ならびに》公《く》家《げ》諸《しょ》法《はっ》度《と》**」を出して幕府が武家や公家を力で押さえつける時代が続いたの。そして**キリスト教禁止令**を出し、**鎖国**で国を閉じてしまった。1637年の**島原の乱**は幕府にとっては衝撃の事件だったわ。

中国で清が明を滅ぼして東アジア全体に平和が戻った17世紀後半、江戸幕府の方針も「**武断政治**」から「**文治政治**」へと大きく変わっていった。「**生類憐れみの令**」で有名になっちゃった5代将軍徳川綱吉の時代。そう、私が何度か人生をやり直したのはこの頃よ。**元禄文化**が栄えた、華やかで楽しい時代だったわ。

ところが、幕府は次第に財政難に悩まされていくようになったの。

第七章のポイント

政治 武断政治から文治政治へ、幕藩体制による支配

経済 財政難に悩まされる幕府、「享保」「寛政」「天保」の改革

文化 「元禄文化と化政文化」、町人が文化の担い手に

外交 キリスト教禁止令、そして「鎖国」へ

キラ

『元禄バロックロック』(124頁)の登場人物。賭場「ラッキーこいこい」の女主人。じつはコウヅケノスケの娘。

幕府の財源は年貢として納められる米だったから、年ごとの収穫高にも左右されるし、飢饉が続くと幕府も苦しくなってしまうのよね。8代将軍徳川吉宗は「**享保《きょうほう》の改革**」で様々な手を打ち米価の安定を図ったので「米将軍」なんて呼ばれていたわ。

その後の支配者たちも経済政策には手を焼いたわ。老中の田沼意次が商人たちを自由に活動させて経済の発展を促したかと思えば、松平定信は「**寛政《かんせい》の改革**」で締め付けを厳しくしたの。

そして18世紀後半、江戸幕府も200年近くが経つと色々と綻びも出てくるわよね。**大塩の乱**など穏やかならぬ事件も起こったし、この頃になると外国船が盛んにやってくるようになって「鎖国」が脅かされ始めたわ。でも、伊能忠敬がとても正確な日本地図を作ったりして、「日本」のこともはっきりわかってきたの。

水野忠邦の「**天保《てんぽう》の改革**」もうまくいかなかったし、あの中国が**アヘン戦争**でボロボロになったというニュースには、みんな危機感を抱いたわ。やがて、日本にもペリーが来航して強硬に開国を促され、幕藩体制は崩壊に向かっていくことになるの。

どんな時代にせよ、戦いのない平和な国に生まれついたのは幸せなことだわ。だから、感謝して今を精一杯生きなきゃね。

同時代のタカラヅカ作品	世界のできごと
『El Japon』『夢現無双』『柳生忍法帖』	ドイツ三十年戦争（1618～48）
『太陽王』	フランス、ルイ14世即位（1643）
『MESSIAH』『All for One』	イギリスでピューリタン革命（1640～60）
『川霧の橋』	イギリスで名誉革命（1688～89）
『元禄バロックロック』	スペイン継承戦争（1701～14）
『星逢一夜』	
『ハプスブルクの宝剣』	オーストリア継承戦争（1740～48）
『黒い瞳』	ロシアでプガチョフの乱（1773～75） アメリカ独立宣言（1776）
『ベルサイユのばら』『ひかりふる路』	フランス革命（1789～99）
『眠らない男・ナポレオン』	皇帝ナポレオン即位（1804）
『fff』	ウィーン会議（1814～15）
『出島小宇宙戦争』	アヘン戦争（1840～42） 1848年革命「諸国民の春」
『風と共に去りぬ』	アメリカで南北戦争（1861～65）
『エリザベート』	
『壬生義士伝』	

年表 江戸時代×タカラヅカ

西暦	和暦	将軍	政治・経済・社会	文化
1600	慶長	❶家康	徳川家康、征夷大将軍に（1603） 慶長遣欧使節（1613～20） 大坂冬の陣（1614）大坂夏の陣（1615）	出雲のお国が京で大人気に（160 →歌舞伎のはじまり 日光東照宮の神殿完成（1617）
	元和	❷秀忠		
	寛永	❸家光	島原の乱（1637～38）	
1650		❹家綱	明暦の大火（1657）	徳川光圀『大日本史』編纂に着手 （1657）※完成は1906年
	寛文			
	延宝			
		❺綱吉	生類憐みの令（1685～1709）	**【元禄文化】** 井原西鶴『好色一代男』（1682） 松尾芭蕉『おくのほそ道』（1689
1700	元禄		赤穂事件（1702）	近松門左衛門『曽根崎心中』 竹本座で初演（1703） 近松『国性爺合戦』（1715）
	宝永	❻家宣		
	正徳	❼家継		
	享保	❽吉宗	享保の改革（1716～45） 享保の飢饉（1732）	文楽・歌舞伎の三大名作初演 『菅原伝授手習鑑』（1746） 『義経千本桜』（1747） 『仮名手本忠臣蔵』（1748）
		❾家重		
1750	宝暦			
	明和	❿家治	田沼意次、老中に（1772～86）	杉田玄白『解体新書』（1774） ※洒落本・黄表紙流行 （明和・安永・天明期）
	安永			
	天明		天明の飢饉（1782～87）	
	寛政		寛政の改革（1787～93）松平定信	※読本流行（寛政期～） 本居宣長『古事記伝』（1798）
1800				
	文化	⓫家斉	間宮林蔵、樺太を調査（1808）	**【化政文化】** 曲亭馬琴『南総里見八犬伝』 （1814～41）
	文政		伊能忠敬による日本地図、完成（1821）	小林一茶『おらが春』（1819）
	天保	⓬家慶	天保の改革（1841～43）	
1850	嘉永		ペリー来航（1853）	
	安政	⓭家定		
		⓮家茂	安政の大獄（1858～59） →桜田門外の変（1860）	福沢諭吉、私塾を開く（1858）
		⓯慶喜	大政奉還（1867） →戊辰戦争（1868～69）	
	明治			

1600／1643

最後の剣豪たち

『夢現無双』『柳生忍法帖』に学ぶ

佐々木小次郎
武蔵と最後に対決する剣の達人。「物干し竿」と呼ばれる長刀を使いこなす。
沢庵宗彭《たくあんそうほう》(1573～1645)
武蔵を教え導く僧。史実では「紫衣《しえ》事件」で配流に。赦された後に品川東海寺を開いた。
宮本武蔵
天下無双を目指す武芸者。二刀流。晩年に自らの剣術の極意をまとめた『五輪書』を記す。
お通
武蔵を慕い、追いかける女性。
本位田又八《ほんいでんまたはち》
武蔵の幼馴染。関ヶ原で武蔵と共に戦ったが、武蔵と違い自分に甘い性格。
幼馴染

『夢現無双』登場人物

徳川家康が江戸幕府を開いたことにより、力がものを言う時代から、幕府の統制の下での天下泰平の時代へと次第に移り変わっていった。江戸時代の初期は、剣豪たちが力の時代への名残を惜しむかのように競い合った時代でもある。

そんな剣豪たちの最後の輝きを描いた作品がタカラヅカにもある。『夢現無双《むげんむそう》』は吉川英治の小説が原作だ。宮本武蔵がさまざまな剣の達人たちとの対決を経て、巌流島における宿敵・佐々木小次郎との一騎打ちに至るまでが描かれる。『柳生忍法帖《やぎゅうにんぽうちょう》』は山田風太郎の小説が原作。柳生十兵衛《やぎゅうじゅうべえ》が、仇討ちを誓った堀一族の女たちを助け、これを成功に導く。どちらの作品も剣の達人たちによる殺陣の場面が見どころとなっている。

『柳生忍法帖』登場人物

芦名銅伯《あしなどうはく》
かつて会津を支配した芦名一族の長。徳川家康の側近でもあった天海大僧正とは双子の兄弟。

柳生宗矩《むねのり》
徳川家光の兵法指南役。1万石の大名にも取り立てられ、柳生家を盛り立てた人物。

沢庵《たくあん》和尚《おしょう》
徳川家光も帰依する高僧とは思えない親しみやすい人柄。堀一族の女たちの指南役として十兵衛を推挙する。

沢庵の弟子たち
同一人物
親子
好き
親子
仕える
指導

柳生十兵衛
隻眼の天才剣士。堅苦しい城勤めを嫌い、気ままな武者修行の日々を送っていたが、堀一族の女たちに剣術の指南をすることに。

ゆら
銅伯の娘で会津藩主の愛妾。十兵衛に一目惚れする。

会津七本槍《あいづしちほんやり》
会津の人々から恐れられる剣術の達人たち。銅伯に仕える。

堀一族の女たち
夫たちを会津七本槍に処刑されたため、女たちでの仇討ちを誓う。

図解

江戸時代を3分割でざっくり理解

260年余の長きにわたる江戸時代だが、大まかにはこんな流れだった。

17世紀前半 → **17世紀後半～18世紀前半** → **18世紀後半～19世紀前半** →

17世紀前半	17世紀後半～18世紀前半	18世紀後半～19世紀前半
武断政治による幕藩体制の確立 鎖国の完成	武断政治から文治政治へ 幕府財政は悪化 元禄文化	幕藩体制の崩壊 鎖国から開国へ 化政文化

柳生十兵衛
大石内蔵助
シーボルト

松島源之丞《まつしまげんのじょう》
有馬晴信の遺臣。流雨と共に大矢野島に匿われることに。
渡辺小左衛門《わたなべこさえもん》
小西行長の遺臣。大矢野島に住む。大矢野島に流れ着いた四郎を助ける。
益田甚兵衛
大矢野島《おおやのじま》に住む、小西《こにし》行長《ゆきなが》の遺臣。四郎時貞を息子として預かる。史実では天草四郎の父とされる。
長一郎
小左衛門に仕える。島に流れ着いた四郎に最初は反感を持っている。
福
甚兵衛の長女。小左衛門の妻。
咲
甚兵衛の次女。
萬
甚兵衛の三女。
小平
小佐衛門と福の息子。
兄弟
山田右衛門作《やまだえもさく》
洗礼名リノ。南蛮絵師。「天草四郎陣中旗」の作者だといわれる。幕府方の説得工作に応じ、交渉の窓口へ向かう。
流雨《るう》
有馬晴信の家臣の娘。山田右衛門作がキリシタンらのために描く聖人画のモデル。

1637／1638

島原の乱

『MESSIAH《メサイア》 −異聞・天草四郎−』に学ぶ

倭寇の夜叉王丸が天草四郎となって、苦しむ人々のため立ち上がったという大胆な設定の物語。だが、史実も細かく踏まえ、実在の人物も多く登場する。虐げられる民衆たちの不満が「島原の乱」として爆発していくまでが描かれている。

乱の後にただ一人生き残ったとされる南蛮絵師の山田右衛《え》門《も》作《さく》が、４代将軍徳川家綱に対して昔語りをする形で物語は進んでいく。幕府目線で見た島原の乱（次頁の図解参照）がしっかり描かれているのも興味深い。

大階段を活かしたラストの戦闘シーンは壮絶で、キリシタン軍のほぼ全員が戦死したという凄惨な結末をリアルに描き切る。内なる神の存在を信じて散っていった人々の覚悟が伝わってくるようだ。

徳川家綱《いえつな》
(1641～80)
江戸幕府4代将軍。山田右衛門作に対し、島原の乱の「真実」を知りたいと所望する。

松平信綱《のぶつな》
(1596～1662)
「知恵伊豆」と称される有能な老中。自ら軍を率いて島原の乱の鎮圧に赴く。

鈴木重成《しげなり》
幕臣。弾圧に苦しむキリシタンらに心を痛める。ちなみに乱後は天草の初代代官となり戦死者を供養。自らの切腹と引き換えに石高半減を嘆願したという。

多聞丸

不動丸
倭寇時代の四郎時貞の子分たち。

徳川家光
(1604～51)
江戸幕府3代将軍。

田中宗甫
勝家に忠実な島原藩家老。

松倉勝家《まつくらかついえ》(1597～1638)
島原藩主。藩の石高を過大申告している。このため農民たちから年貢を搾り取り、キリシタンを激しく弾圧する。ちなみに乱後は過大申告がばれて所領は没収、斬首刑に。

天草四郎時貞《あまくさしろうときさだ》(1623?～38)
元・倭寇の頭領だが、嵐で大矢野島に流れ着き、甚兵衛から四郎時貞と名付けられる。キリシタンらの苦境を知り「島原の乱」を起こす。

図解

徳川幕府にとっての「島原の乱」の意味

幕府権力の地盤固めの時期だったため、島原の乱を徹底的に叩く必要があった。いっぽう乱後は年貢を負担する農民の生活を保護する政策も実施された。

1615年
大坂夏の陣（豊臣氏の滅亡）
一国一城令、武家諸法度の制定

1635年
武家諸法度（寛永令）
参勤交代が義務に

1637～8年
島原の乱

1643年
田畑永代売買禁止
（富農への土地集中を防ぐ）

封建的な主従関係から、法令による大名統制へ

四コマ図解

鎖国とキリスト教禁止令

1609／1689

江戸時代、海外との交流が閉ざされた日本。江戸幕府は何故そうしたのか？ その道筋をたどってみよう。

1 最初、江戸幕府は通商に前向きだった

江戸幕府は1609年オランダに、13年にはイギリスに通商許可を与え、朱印船《しゅいんせん》貿易を盛んに行なった。いっぽう奥州の伊達政宗が慶長遣欧使節を派遣し、薩摩の島津氏が琉球を征服するなど、各地の大名も海外に目を向けていた。

山田長政など海外で活躍する日本人も現れ、南方の各地に日本人町もできた。

策略家の大臣
カラフォーム
ゼッタ王子
王子の差し出した毒杯
を飲み干す山田長政
長政への恋が憎しみに
転じたナラーダ姫

『メナムに赤い花が散る』より

2 幕府、キリシタンに危機感

信者の団結力と、スペインやポルトガルの力を恐れた幕府は1612年に直轄領に、翌年には全国に禁教令を出す。1622年に長崎で宣教師や信者55人が処刑された「元《げん》和《な》の大殉教」はキリシタンを震撼させた。そして1637年に島原の乱が起こる。

踏絵は1629年頃に長崎で始められ、九州北部を中心に実施された。

踏め!!
島原藩主・松倉勝家
田中宗甫

『MESSIAH』より

3 通商も取り締まる方向へ

海外貿易を独占し大名の力を抑えたいと考えた幕府は、外国船の寄港地を長崎と平戸に限定し、朱印船より厳しい「奉書船《ほうしょせん》制度」を開始。奉書船以外の海外渡航を禁止した。1635年には日本人の海外渡航や帰国が全面禁止されてしまった。

『アナジ』より

鎖国令(寛永十年令)により海外居住5年以上の者の帰国が禁じられてしまった…。

不知火
アナジ
海賊船「紅蓮丸」の船長
えええっ!?
隼人
クロバエ

4 鎖国の完成

さらに幕府はイギリス、スペイン、ポルトガルの船の来航も順次禁止していく。1641年にはオランダ人が長崎の出島(130頁)に、1689年には中国人が唐人屋敷に移された。こうして鎖国が完成することになる。

『長崎しぐれ坂』より

芸者となったおしま
唐人屋敷
らしゃ　芳蓮
幼馴染だった3人は全く違う境遇で再会することに…
卯之助
下っ引きとして伊佐次を追う立場に
伊佐次
おたずね者となって唐人屋敷に匿われる

用語解説

1 琉球征服

1609年、薩摩藩の島津家《しまづいえ》久《ひさ》が琉球に出兵、首里城を落とし、国王尚寧《しょうねい》を捕えた。『春櫻賦《しゅんおうふ》』はこの出来事を題材とした作品である。これ以降、琉球王国は日本と明に両属する形となり、琉球国王は徳川将軍の代替わりごとに江戸に慶賀使《けいがし》を送った。

2 踏絵

キリシタン摘発のために使われた、キリストやマリアが描かれた聖画像のこと。これを踏めばキリシタンでないことが証明される。寺院に檀家として所属することで、キリシタンでないことを証明する「寺請制度」もあった。

3 朱印船と奉書船

朱印船は幕府からの渡航許可証である「朱印状」を受けた貿易船のこと。東南アジアにて中国船との出会い貿易を行い、中国から生糸などを輸入し、日本からは銀などを輸出した。ところが、1631年以降は朱印状に加えて老中が発行する「奉書(老中奉書)」も必要になった。

4 出島と唐人屋敷

「出島」は1634年に作られた長崎港内の扇形埋立地。1641年、ここにオランダ商館が移された。『出島小宇宙戦争』(130頁)の「出島」もこの島を想定していると思われる。「唐人屋敷」は長崎郊外に設けられた清商人の居住地。『長崎しぐれ坂』は唐人屋敷の中で繰り広げられる物語である。出島も唐人屋敷も、役人と指定商人以外は出入り禁止であった。

ツナヨシ＝徳川綱吉
見目麗しい少年将軍。コウヅケノスケと赤穂浪士たちの対立を予想外の方法で解決する。
ヨシヤス
＝柳沢吉保
ツナヨシの側用人。
ケイショウイン
＝桂昌院
将軍ツナヨシの母。コウズケノスケとかつて恋仲であった。
親子
かつて恋仲
親子
親子
ケンペル
ドイツ人の医師・博物学者。オランダ商館医師として日本に2年ほど滞在し、将軍綱吉にも謁見。帰国後に『日本誌』出版。
ケンペルは著書『日本誌』で、日本はオランダとのみ交渉を持ち「閉ざされた」状態であると指摘。これが後に「鎖国」と和訳されたのが「鎖国」という言葉の語源である。
ツバキ
カエデ
コウズケノスケに仕える「くの一」。
キラ
賭場「ラッキーこいこい」の美しき女主人としてクロノスケを翻弄する。じつはコウズケノスケの娘である。
コウズケノスケ＝吉良上野介(義央)
時を自在に操ることで、権力の座に登り詰める野心を抱いている。このためタクミノカミが書いた「時を戻せる時計」の設計図を入手しようと企む。

1702

徳川綱吉と生類憐みの令

『元禄バロックロック』に学ぶ

大《おお》石内蔵助《いしくらのすけ》ら赤穂浪士《あこうろうし》が主君の仇討ちを果たす「赤穂事件」を題材にしつつ、元赤穂藩士クロノスケと謎めいた美少女キラとの恋物語を描く。古典的な忠臣蔵の世界観と近未来的なタイムリープというテーマが入り混じり、独特の雰囲気を醸し出している。「元禄《げんろく》」とは年号で1688年から1704年まで。5代将軍徳川綱吉の治世の後半にあたる。カラフルな舞台が華やかな元禄文化(133頁)を彷彿とさせる。

忠臣蔵なのにハッピーエンドという衝撃の結末は、「一度きりの人生」のかけがえのなさを問いかける。この結末に一役買うのが将軍ツナヨシの存在であり、ツナヨシの采配の背景には、殺生を良しとせず命を大切にする「生類憐みの令」の考え方が垣間見える。

※併記した漢字名は各キャラクターが想定していると思われる歴史上の人物名。

図解

「武断政治」から「文治政治」へ

5代将軍徳川綱吉の治世で、戦国時代以来の「力で押さえつける政治」から「儒教の教えに基づいた政治」への転換が定着した。

武家諸法度《ぶけしょはっと》（天和令《てんなれい》）における改訂

第1条が「文武弓馬の道、専ら相嗜むべき事」から「文武忠孝を励し、礼儀を正すべき事」に改変された。

生類憐みの令

殺生の禁止、命の尊重

湯島聖堂の創設

学問を重視。

18世紀
初め

享保の改革

『星逢一夜《ほしあいひとよ》』に学ぶ

江戸幕府
鈴虫膳右衛門
晴興の養育係。幼い頃からずっと、晴興の側近くで見守り続ける。
守役
徳川吉宗
(1684～1751)
徳川幕府8代将軍。財政再建を目指して「享保の改革」を推進。年貢を安定的に徴収しようとしたため「米将軍」と呼ばれた。
天野《あまの》晴興《はるおき》(紀之介)
三日月藩藩主の次男。星を見るのが好きで、月食を予測してみせたことで将軍吉宗の目に留まり、幕臣として出世を遂げる。
仕える
貴姫
吉宗の姪でプライドが高い。晴興に嫁ぐ。
夫婦
友人
猪飼秋定
幕府天文方筆頭。月食の予測を誤った際に晴興に助けられ、以来、晴興の友となる。
細川慶勝
熊本藩藩主。晴興をライバル視する。
少年時代の紀之介

九州の山あいの三日月藩では、藩主の次男である晴興《はるおき》（紀之介）は泉や源太ら、村の子どもたちと毎晩、星を見上げては友情を育んでいた。だが、兄の死で跡取りとなり、さらに幕臣に取り立てられた晴興は、8代将軍徳川吉宗の元で冷徹な改革推進者となり、いっぽうの源太らは貧しさの中で村人たちと一揆に向けて立ち上がる。

固い絆で結ばれながらも道を違えていく晴興と源太、互いに寄せ合う想いは同じなのに決して結ばれることはない晴興と泉。変わらぬ星の煌めきの元で流転していく三人の運命の物語は、涙なしでは見られない。その背景には吉宗が行った「享保の改革」における安定的な年貢徴収のための諸政策があることが、この作品の日本史的なポイントだ。

三日月藩

源太

泉の幼なじみであり、少年時代は晴興とも親友。村人たちの困窮を救うため一揆を画策し、晴興と対立する。

泉《せん》

三日月藩の娘。紀之介に想いを寄せていたが、源太の妻となる。

三日月藩の民

少年時代は皆、紀之介の遊び友だちだった。生活苦に耐えかね、源太が率いる一揆に加わる。

氷太
泰三
湧
ちょび康
夫婦
友情やがて対立
幼馴染
幼馴染
少年時代の源太
少女時代の泉

吉宗は年貢率の決め方を、その年の収穫高に応じて決める「検見法」から、収穫高にかかわらず一定の年貢高を徴収する「定免法」へと変更した。『星逢一夜』では晴興がこれを強行し、源太らと対立していく。

図解

なぜ江戸時代の武士は貧乏になっていったのか?

「コメ社会」と「カネ社会」の二重構造

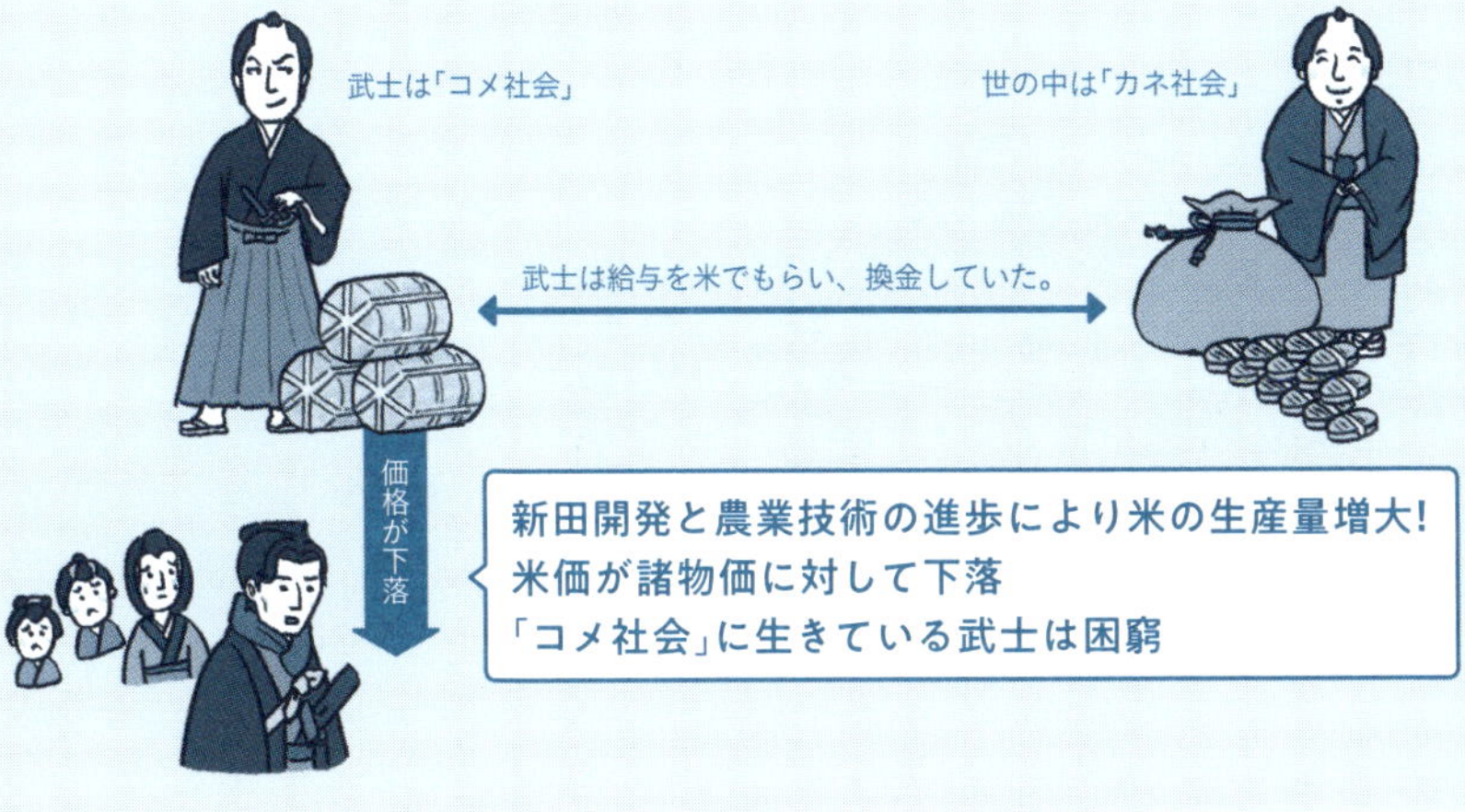
武士は「コメ社会」
世の中は「カネ社会」
武士は給与を米でもらい、換金していた。
価格が下落
新田開発と農業技術の進歩により米の生産量増大!
米価が諸物価に対して下落
「コメ社会」に生きている武士は困窮

四コマ図解

江戸の人々の暮らし

17世紀中頃／19世紀前半

江戸時代には産業が発達し、庶民の中にも豊かな生活をする者が現れ、町人文化が花開いた。

1 火事と喧嘩は江戸の華

「将軍のお膝元」である江戸にはあらゆる身分の人が集まり、その人口は18世紀前半には100万人に達したという。「明暦《めいれき》の大火《たいか》」をはじめ何度も火事に見舞われたため、江戸の町を「いろは」47組に編成した「町火消」が組織された。

火事で親を失った子どもたち
茂次
大工の若棟梁。
大火で全てを失った「大留」の再興のため奮闘する
おりつ
孤児たちの面倒をみている

『小さな花がひらいた』より

2 職人たちの心意気

江戸時代は職人の時代でもあり、大工や木挽《こびき》、鉄砲鍛冶《てっぽうかじ》、織物、紙漉《かみすき》、酒造など、多彩な分野の職人が活躍した。職人は独立した仕事場にて弟子を抱えながら作業を行い、様々な道具を駆使した高度な技術が発達した。

研ぎ師の源六
「杉田屋」の次期棟梁の候補3人。
杉田屋で働く大工たち
清吉
幸次郎
半次

『川霧の橋』より

用語解説

❶ 明暦《めいれき》の大火《たいか》

1657(明暦3)年に江戸で起こった。「振袖火事」とも呼ばれる。江戸の街の55%が焼け、江戸城も類焼。10万人を超える死者を出したという。再建された市街では道幅が広げられ、市域も拡大した。

❷ 百姓・職人・町人

江戸時代には支配身分である武士に対して、おもな被支配身分として、農業や林業、漁業を営む「百姓」、手工業に携わる「職人」、商人を中心とした「町人」がいた。これらを合わせて「士農工商」と呼ぶこともあった。

❸ 飛脚と飛脚問屋

江戸時代の飛脚には幕府御用達の「継飛脚」、江戸と国元間を走る「大名飛脚」の他、民間の「町飛脚」があり、月３度大坂を出発し東海道を６日で走った。この業務を行なったのが飛脚問屋。やがて為替業務も行うようになった。『夢介千両みやげ』では夢介が親からもらった千両を引き出すのに利用していたのも飛脚問屋である。

❹ 三味線

中国の元の時代に作られた三絃(三線)が、1560年頃に日本に伝来。猫皮を利用することで日本独自の三味線となった。長唄や小唄に使われる細棹、常磐津節や清元節に使われる中棹、文楽三味線や津軽三味線に使われる太棹がある。その多様な音色と音域の広さゆえの豊かな表現力で、歌舞伎や人形浄瑠璃などの芸能でも活躍する楽器である。

3 「豪農」の誕生

18世紀後半は「豪農」と呼ばれる有力農民が生まれた時代だ。彼らは「地主」となって、零細農民を「小作人」として使役した。また、豪農たちは作物生産のみならず流通や金融にも携わり、地域社会のまとめ役になっていった。

『夢介千両みやげ』より

夢介は親からもらった千両を周りの人々の幸せのために気前良く使う
お銀
元・女スリだが夢介にぞっこん
夢介
小田原の庄屋の息子。江戸に道楽修行に来ている

4 芝居小屋の賑わい

江戸時代は歌舞伎や人形浄瑠璃などが発達し、芝居小屋が賑わいを見せた。18世紀末には中村座・市村座・森田座の「江戸三座」が栄えた。さらに19世紀に入ると、各地で歌舞伎を真似た村芝居や人形芝居が行われるようになった。

『月の燈影』より

幸蔵と次郎吉は幼馴染。二人の親は共に江戸・中村座で働いていた
幸蔵
「川向こう」の博打打ち。父親が三味線引きだったのでじつは三味線が上手い
次郎吉
江戸の町火消

1828
年頃

幕末前夜

『出島小宇宙戦争』に学ぶ

ツクヨミ
月の女王。過度に文明の発達した地球は月を脅かす危険な存在になるので滅すべきだと考えている。

タダタカ
＝伊能忠敬
天文学者。日本全国を測量して、正確な海岸線を描いた地図を作成。その中にカゲヤへの愛のメッセージを記す。

カゲヤス＝高橋景保
元、幕府の天文方。師匠タダタカの命を奪ってしまった罪を償うため牢に入っていたが、シーボルトの野望を知って出島に向かう。タダタカの作成した地図の南半分を所持。

タキ（カグヤ）
江戸の遊女からシーボルトの妻へ。だが、その正体は月の都から送り込まれたスパイである。タダタカに「不老不死の実のなる植物」の枝を与える。

舞台は長崎の出島、「タダタカ」によって作成された正確な「日本地図」の行方を巡って「カゲヤス・リンゾウ・シーボルト」らが争う。そこには「月の都」の思惑まで絡んでくる。一見、荒唐無稽なファンタジーだが、19世紀初頭の伊能忠敬による日本地図完成や「シーボルト事件」を踏まえている。

主人公「カゲヤス」のモデルとなった高橋景保《かげやす》は、幕府の天文方であり伊能忠敬の日本地図完成にも協力したが、「シーボルト事件」（図解参照）で罪に問われた人物だ。景保の「知りたい」という情熱への興味が、作品を生み出す契機となった。

出島では、キッチュな服装に身を包んだ大衆が「文明開花」の波に踊らされる。開国前夜の日本の困惑を描いた作品でもある。

師弟
協力?
友人だが対立

シーボルト

医者にして植物学者。出島の文明を開花させ、人々を熱狂させている。「不老不死の実のなる植物」を欲しがっている。

チョウエイ＝高野長英

シーボルトに仕え、江戸の一行を出島にいざなう。シーボルトの鳴滝塾で学んだ高野長英がモデルだと思われる。

ヘレーネ

シーボルトの家のメイド。武闘派。

タダアキラ＝水野忠成

江戸幕府の老中。タダタカの作った日本地図の行方を追っている。

ヌイノスケ

タダアキラの部下。実はロシアと通じており、リンゾウと手を結ぶ。

デジゾウ　デジミ　デジハル

江戸から出島にやってきた、噂好きで新しもの好きの大衆代表。

リンゾウ＝間宮林蔵

タダタカの門下でカゲヤスの幼馴染。隠密として樺太を探査していた。タダタカの作成した地図の北側に樺太を加えたものを所持している。

※併記した漢字名は各キャラクターが想定していると思われる歴史上の人物名。

図解

「日本」の姿がわかり始めた時代

19世紀に入ると、外国の船が頻繁に来航し、鎖国を揺るがし始めた。同時に日本人もまた「日本」の姿を明らかにしていった。

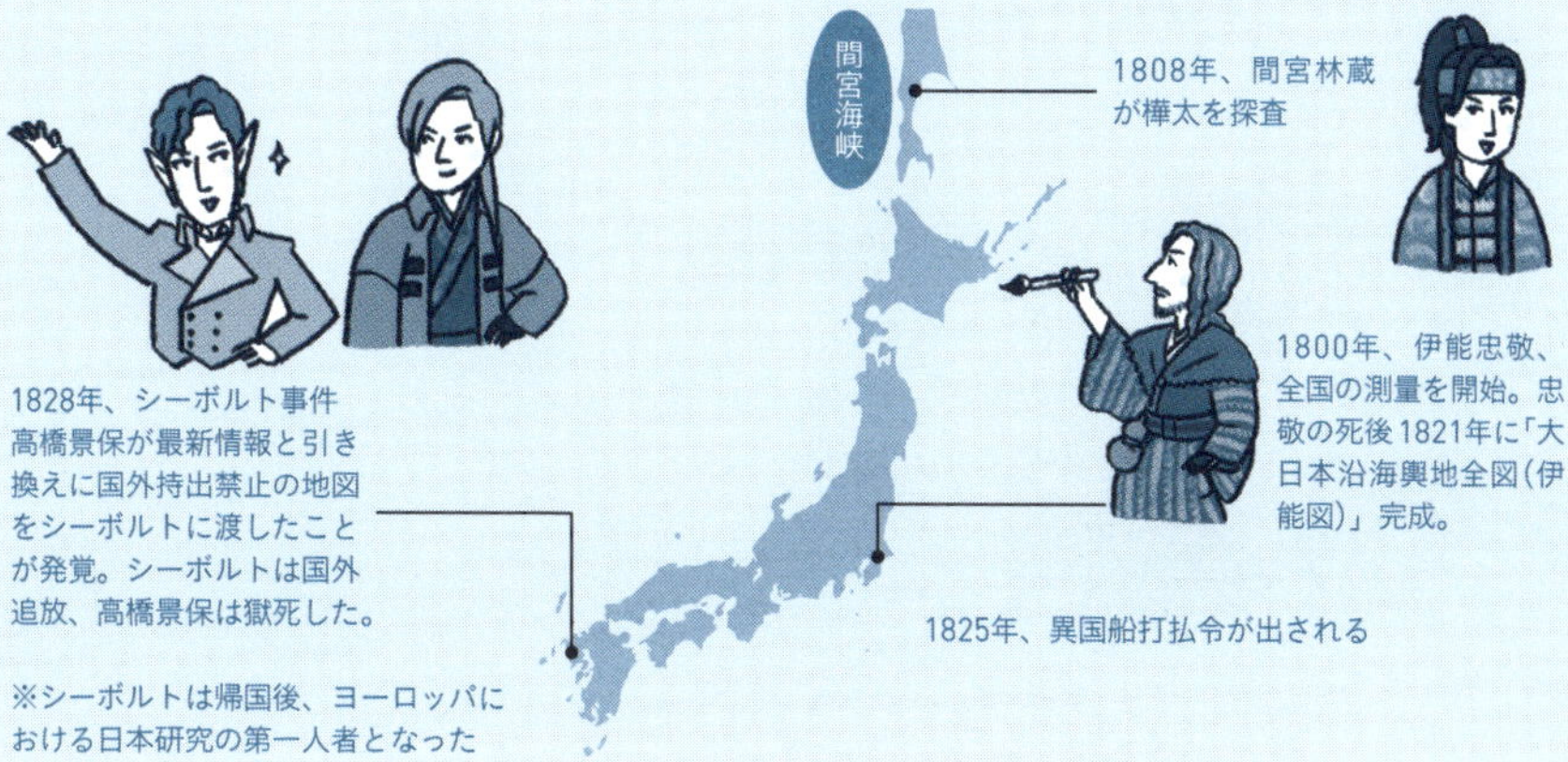
間宮海峡
1808年、間宮林蔵が樺太を探査
1800年、伊能忠敬、全国の測量を開始。忠敬の死後1821年に「大日本沿海輿地全図（伊能図）」完成。
1825年、異国船打払令が出される
1828年、シーボルト事件
高橋景保が最新情報と引き換えに国外持出禁止の地図をシーボルトに渡したことが発覚。シーボルトは国外追放、高橋景保は獄死した。

※シーボルトは帰国後、ヨーロッパにおける日本研究の第一人者となった

四コマ図解

『忠臣蔵』はどう描かれてきたか？

1701／2021

1701〜2年に起こった「赤穂《あこう》事件」は様々な形で舞台化されてきた。その変遷をみてみよう。

1 赤穂事件（1701~2年）

「武断政治」から「文治政治」へと世の中が移り変わる中で（125頁）昔ながらの「武士道」も尊ばれた時代、忠義のために命も惜しまぬ四十七士の仇討ちは、人々に大きな衝撃を与えた。事件の12日後には早くも舞台化されたという。

吉良義央《きらよしなか》
赤穂藩主　浅野長矩《あさのながのり》
松之廊下刃傷事件《まつのろうかにんじょうじけん》

---

2 『仮名手本忠臣蔵《かなでほんちゅうしんぐら》』上演（1748年）

「赤穂事件」は繰り返し舞台化されたが、決定版となったのが竹田出雲（134頁）・三好松洛《みよししょうらく》・並木千柳《なみきせんりゅう》の合作によって書かれた『仮名手本忠臣蔵』だ。実際のできごとの劇化が禁じられていたため、太平記の世界に移し替えられた。

大星由良之助《おおぼしゆらのすけ》
（＝大石内蔵助）
『仮名手本忠臣蔵』の
裏主人公カップル
高師直《こうのもろなお》
（＝吉良上野介）
斧定九郎《おのさだくろう》
おかる
勘平の討入りに必要
な金のため身を売る
早野勘平
松之廊下の事件が起こった
時、おかると逢引していた

用語解説

① 赤穂事件

勅使接待役の赤穂藩主浅野《あさの》長矩《ながのり》が、高家(幕府の儀礼を管轄する旗本)の吉良義《きらよし》央《なか》に殿中で斬り付け、即日切腹となった。翌年、大石良雄ら赤穂浪士46人(47人という説も)が吉良への仇討ちを成功させ、全員が切腹を命じられた事件。

② 仮名手本忠臣蔵《かなでほんちゅうしんぐら》

大坂竹本座で人形浄瑠璃として初演。のちに歌舞伎にもなった。「仮名手本」は寺子屋で使われた教科書。「蔵」は「忠臣の話がたくさん詰まった蔵」の意と、大石内蔵助の「内蔵」をかけている。以降、赤穂事件を「忠臣蔵」と呼ぶことが定着した。芝居として最も評価が高いのは「おかる・勘平」の悲劇を描く五〜七段目といわれる。

③ 泉岳寺《せんかくじ》

港区高輪にある曹洞宗の寺院。赤穂義士の墓があることで有名。境内には、義士が吉良上野介の首級を洗い主君の墓前に供えたという「首洗い井戸」や、大石内蔵助が切腹したときの血がかかったという「血染めの梅、血染めの石」などがある。

④ 元禄文化

17世紀末から18世紀初めの元禄期に栄えた文化。その背景には、「鎖国」が確立し外国の影響が減少したことや、世の中の安定の中で儒学などの学問を重視する風潮があった。また、紙の生産や出版・印刷技術の発展のおかげで、大衆が文学や美術、演劇などを気軽に楽しむことができるようになった。

③ 『忠臣蔵　花に散り雪に散り』(1992年)

タカラヅカでも戦前より「忠臣蔵」は何度も舞台化されてきた。その決定版といわれたのが『忠臣蔵　花に散り雪に散り』だ。赤穂浪士たちが討ち入りに至る経緯を描く王道の作りで、大階段に四十七士がずらりと並ぶプロローグは壮観。

もはやこれで思い残すことはござらん!

旧・宝塚大劇場の最後の公演として上演された。

---

④ 『元禄バロックロック』(2021年)

「ハッピーエンドの忠臣蔵」がタカラヅカには登場した!(詳細124頁) 文楽・歌舞伎の『仮名手本忠臣蔵』はおかる・勘平という恋人たちの物語でもあるが(右記)、キラとクロノスケはさながら「令和のおかる・勘平」といったところか。

『忠臣蔵』がまさかのハッピーエンドに!

1703／1715

近松門左衛門の名作

『心中・恋の大和路』『近松・恋の道行』に学ぶ

『曽根崎心中』は1703年4月に起きた心中事件からわずか1カ月後に竹本座で初演されて大当たりした。『冥途の飛脚』は1711年、『生玉心中』は『曽根崎心中』の13回忌にあたる1715年に初演。いずれも実際の事件をもとにしている。

お初（浄瑠璃人形）
天満屋の遊女。

徳兵衛（浄瑠璃人形）
醤油問屋・平野屋の手代。

さが
柏屋の遊女。嘉平次と恋仲。

一つ屋嘉平次《かへいじ》
茶碗屋・一つ屋の跡取り息子。嘉平次とさがは『曽根崎心中』のお初・徳兵衛に憧れている。

竹田出雲（1691～1756）
竹本座の座元。近松門左衛門の指導を受け、浄瑠璃作者としても活躍。浄瑠璃・歌舞伎の三大名作『仮名手本忠臣蔵（132頁）』『菅原伝授手習鑑』『義経千本桜』の合作者の一人。

近松門左衛門（1653～1724）
当代一の人気を誇る浄瑠璃作家。竹本義太夫のための浄瑠璃や、歌舞伎役者・坂田藤十郎のための脚本を書いた。

近松門左衛門は17世紀末～18世紀初頭に人形浄瑠璃や歌舞伎の作者として活躍した。『心中・恋の大和路』は近松の『冥途《めいど》の飛脚』をタカラヅカ流にアレンジした作品で、手代の与平やかもん太夫など、『冥途の飛脚』には登場しないキャラクターも増えた。ロックテイストな演出も斬新で、雪山の中で二人が死んでいくラストシーンは鮮烈だ。

いっぽう『近松・恋の道行』は『生玉心《いくたましん》中《じゅう》』を題材としながら、作者である近松本人も登場する。実際の心中事件を近松が作品に仕立てていくことで『生玉心中』の物語が完成していく。さらに、近松の出世作『曾根《そね》崎《ざき》心中』も劇中劇として出てくる。フィクションとしての物語と劇作家のリアルが二重構造の中で交錯するのが面白い。

『冥途の飛脚』は歌舞伎と文楽で異なる。文楽の八右衛門は忠兵衛の良き友人だが、歌舞伎版では悪態をつく。

宿衆たち
飛脚問屋の同業組合の人々。店の金を着服した忠兵衛の罪を問い、追い詰める。

孫右衛門《まごえもん》
亀屋に養子に入った忠兵衛の実父。

丹波屋八右衛門《たんばやはちえもん》
米問屋・丹波屋の主人。遊び慣れた大人の男性。恋に溺れる忠兵衛のことを心配している。

かもん太夫
槌屋で一番人気の太夫。与平の純粋な気持ちに心打たれる。

与平《よへい》
亀屋の手代。かもん太夫に密かに想いを寄せ、太夫に会うためのお金を必死で貯めている。

三太　庄介　おまん
亀屋で奉公している子どもたち。

梅川《うめがわ》
槌屋の遊女。忠兵衛と深い仲。

亀屋《かめや》 忠《ちゅう》 兵衛《べえ》
飛脚問屋・亀屋の主人。恋仲にある梅川が別の男性に身請けされそうだと聞いて焦っている。

『心中・恋の大和路』より

図解

飛脚問屋の「為替業務」
～『心中・恋の大和路』の場合～

忠兵衛が着服してしまった50両＋300両は、どうやって飛脚問屋「亀屋」に届いたのだろう？

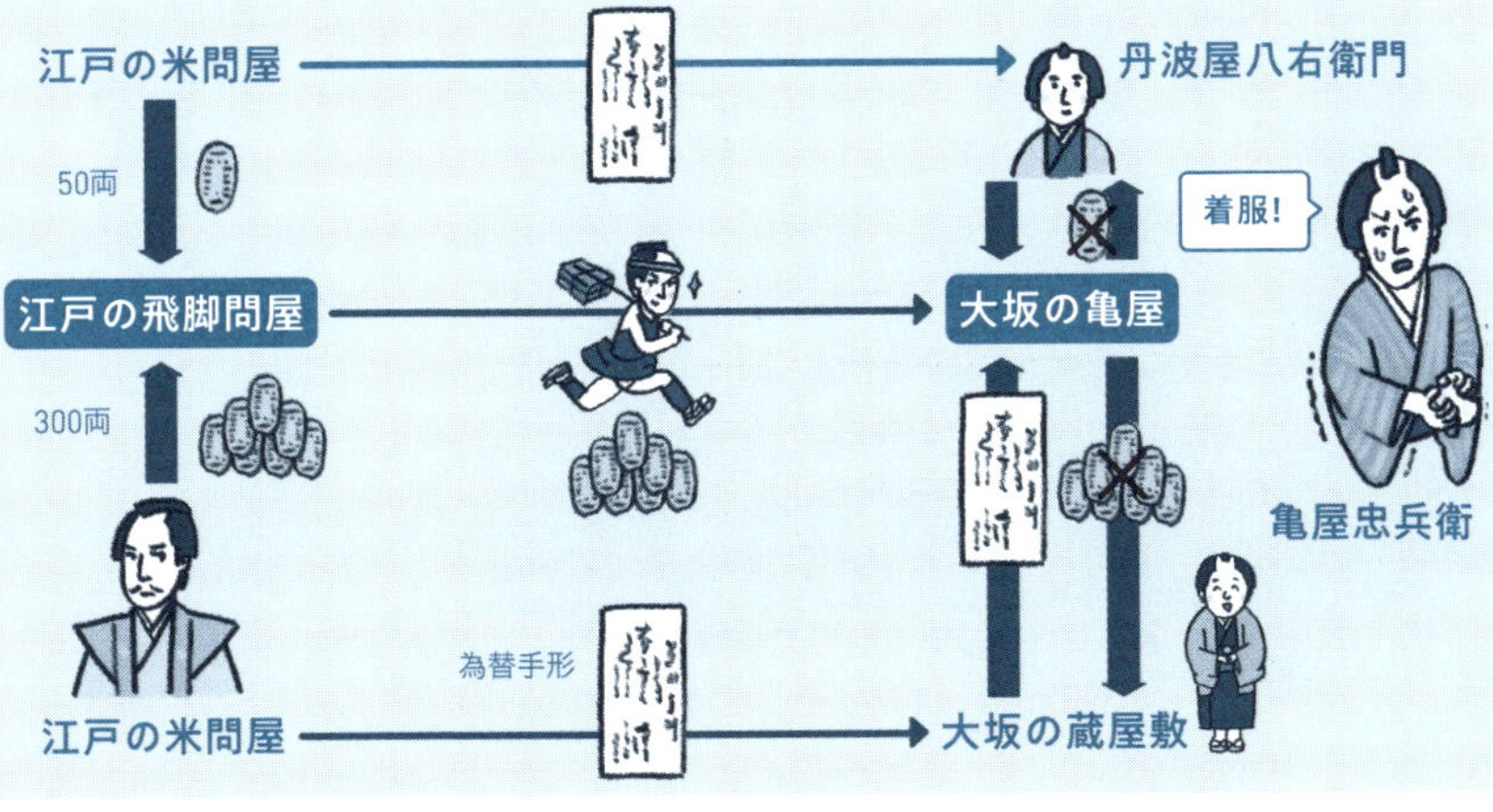

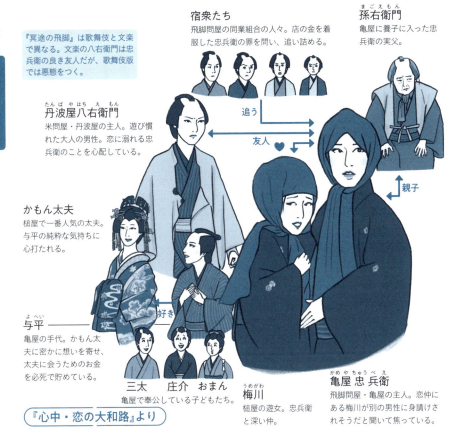

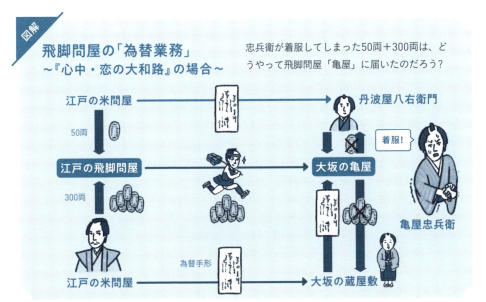

四コマ図解

落語とタカラヅカ

意外に思われるかもしれないが、タカラヅカには落語を題材にした作品も存在する。

1 人情噺《ばなし》がタカラヅカの舞台に

『なみだ橋　えがお橋』は「身投げ屋」「文七元結《ぶんしちもっとい》」「星野屋」など、『やらずの雨』は「お初徳兵衛」に「芝浜《しばはま》」「唐茄子屋政談《とうなすやせいだん》」などの噺を組み合わせた作品。いずれも人情の温かさがしみじみ伝わってくる。

改心してカッコいい船頭に
生まれ変わった!
徳兵衛
真面目な勉強家
遊び人
勘当されて
ボロボロに
お初
『やらずの雨』より

2 貧乏神が大活躍!?

『くらわんか』は上方落語と『近松心中物語』の登場人物が織りなす愉快な物語。くらわんか船の船頭で、根っからの怠け者の八五郎と、気が弱くて人のいい貧乏神（愛称・貧ちゃん）とのやり取りが抱腹絶倒だ。

八五郎
貧乏神(貧ちゃん)
『くらわんか』より

用語解説

❶ お初徳兵衛

若旦那の徳兵衛は道楽が過ぎて勘当されるが、改心して船宿で働き始めたら、粋で面白いので人気の船頭に。ある日、お初という芸者を船に乗せたところ雷がやってきた。雨宿りしているうちに二人は何だかいい雰囲気に…。

❷ 貧乏神

ある怠け者の男に貧乏神が取り付いた。男は貧乏神からも真面目に働くよう言われるが、いっこうに仕事に行く気配はなく、逆に貧乏神からも金を借りる始末。このままでは家賃も払えないので、とうとう貧乏神が内職を始めることに。ついに貧乏神の方が家を出ていくが…？

❸ 居残り佐平次

佐平次という男が友だち4人と品川の遊郭に遊びにやってきて散財するが、翌朝には金がないことがわかり、布団部屋に押し込められる。ところが、酒の相手をさせると面白いと客の間で評判になり、祝儀をもらうように。実はこの佐平次「居残り」を商売にしている男だった。

❹ 地獄八景《じごくばっけい》亡者戯《もうじゃのたわむれ》

サバに当たって死んだ喜六はあの世でご隠居と出会い、大勢の亡者たちと共に冥途へ旅立つ。三途の川渡りや六道の辻、死んだ名優たちが出演する芝居で賑わう冥途筋などの光景が描写される。閻魔さまのお裁きを受けると、医者、山伏、歯抜き師、軽業師の4人だけが地獄行きとなった。だが、4人は各自の知恵や技を使って地獄の苦行を乗り越えていく。

３ 落語、映画、そしてタカラヅカ

川島雄三監督の名作映画『幕末太陽傳』(1957年) は古典落語を題材としている。この映画をタカラヅカが舞台化。「居残り佐平次」を中心に「品川心中」「三枚《さんまい》起請《きしょう》」「お見立て」などを組み合わせ、品川の遊郭の人間模様を軽やかに描く。

高杉晋作も登場し、佐平次との間に友情が生まれる
佐平次(「居残り佐平次」より)
おそめ(「品川心中」より)
『幕末太陽傳』より

４ 死後の世界で閻魔大王と激突!

『ANOTHER WORLD』は上方落語の大作「地獄八景亡者戯《じごくばっけいもうじゃのたわむれ》」を中心に「朝友」「死ぬなら今」などの話を織り交ぜ、死後の世界を描いたユニークな作品だ。三途の川渡りから閻魔大王との対決までを、タカラヅカの舞台で絢爛豪華に描く

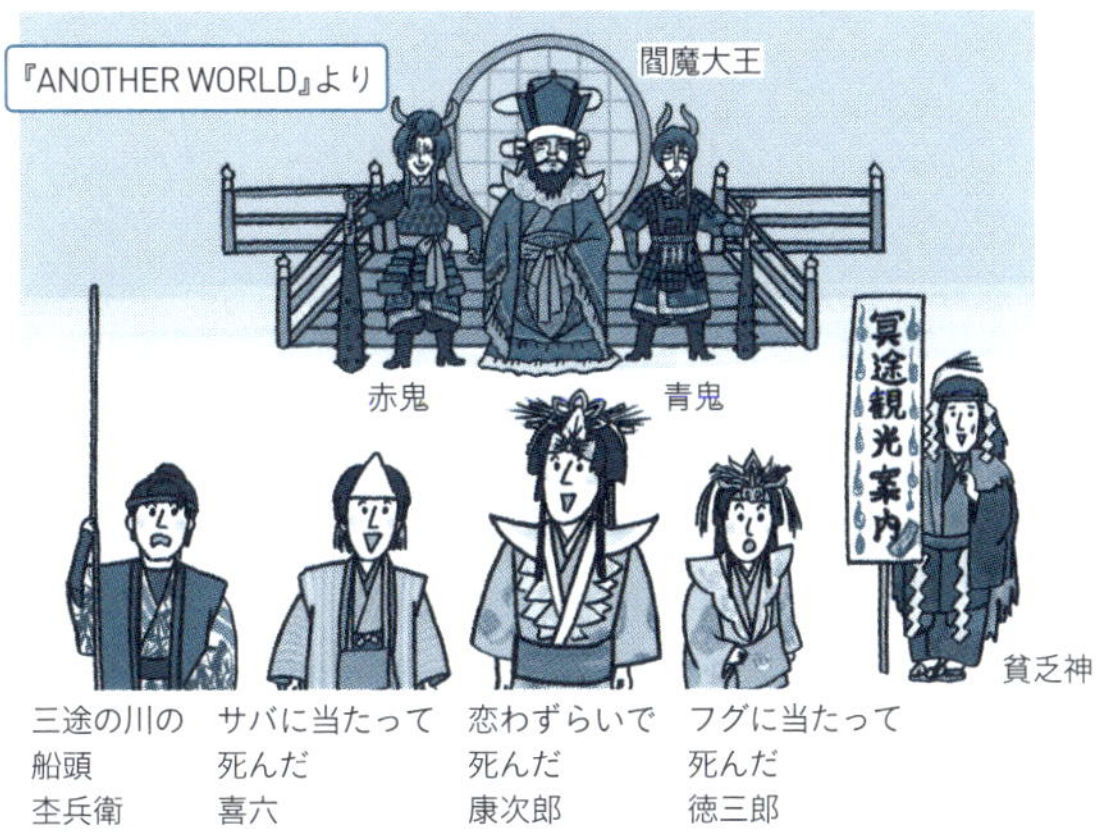
『ANOTHER WORLD』より
閻魔大王
赤鬼
青鬼
冥途観光案内
貧乏神
三途の川の船頭 李兵衛
サバに当たって死んだ喜六
恋わずらいで死んだ康次郎
フグに当たって死んだ徳三郎

その頃、世界では？

ヨーロッパでは絶対王政の時代からフランス革命の時代、そして世紀末へ。アメリカも独立し南北戦争に突入。中国は清朝の全盛から衰退へ。260年の長きにわたる江戸時代の間に、世界も大きく変化していた！

フランスでルイ14世が即位(1643)
『All for One』より

フランス革命(1789〜99)
『ベルサイユのばら』

アメリカ南北戦争(1861〜65)
『風と共に去りぬ』より

フランツ・ヨーゼフ、エリザベートと結婚(1854)
『エリザベート』より

- **寛政の改革(1787〜93)の頃にフランス革命(1789)**
- **天保の改革(1841〜43)の頃にアヘン戦争(1840〜42)**

衣装解剖図鑑

タカラヅカの舞台でも様々な身分、職業の人たちが活躍する時代。衣装も多様性豊かだ。

武士
火消し
火消しの半纏《はんてん》は一目で所属や役職がわかる
大工
法被に帯を締める
浪人といえば「むしり」スタイル
浪人
お殿様
お姫様
花魁
武士の娘
町娘
身分によって着物や髪の結い方もいろいろ

2012年花組バウホール
『近松・恋の道行』→134頁

2011年花組全国ツアー
『小さな花がひらいた』(初演1971年)→128頁
山本周五郎の短編小説『ちいさこべ』を舞台化。江戸の大火の後、店の立て直しに奮闘する若棟梁・茂次が主人公。

2009年雪組バウホール
『雪景色』
上方落語を題材とした第1部、人情劇の第2部、平家の落人兄弟による舞踊劇の第3部という、オムニバス形式の作品。

2006年雪組バウホール
『やらずの雨』→136頁
落語「お初徳兵衛」を中心に構成した作品。堅物だった伊勢屋の若旦那・徳兵衛は、吉原に連れて行かれてからすっかり遊び人になってしまう。

2005年花組バウホール
『くらわんか』→136頁
古典落語を題材とした人情噺。くらわんか船の船頭・八五郎は根っからの怠け者で、とりついた貧乏神さえも翻弄されてしまう。

2004年専科・雪組日生劇場
『花供養』(初演1984年)
禁中並公家諸法度で朝廷を縛ろうとする幕府に反発したことで知られる後水尾天皇が主人公。お与津御寮人との忍ぶ恋の物語。

2003年花組大劇場
『野風の笛』
隆慶一郎作の小説『捨て童子・松平忠輝』の舞台化。徳川家康の六男に生まれながらも、自由奔放に生きた松平忠輝が主人公。

2003年星組バウホール
『巌流』
謎の多い剣豪、佐々木小次郎を主人公とした作品。宿敵・宮本武蔵との対決も描く。

2000年宙組大劇場
『望郷は海を越えて』
九鬼水軍の末裔、九鬼海人は嵐でシベリアに漂着する。やがて海人はロシアのエカテリーナ2世と出会い、クーデターに巻き込まれていく。

1997年雪組大劇場
『春櫻賦』
薩摩藩の侵攻を受けた琉球の青年、謝名龍山が、大和で出会った人々との触れ合いの中で新たな生き方を見出す。南から北へと桜の開花を追って物語は進む。

1996年雪組バウホール
『アナジ』→122頁
海賊船「紅蓮丸」の船大将アナジの物語。アナジが率いる海賊たちは、鎖国令により日本への帰国を禁じられてしまう。

1992年雪組大劇場
『忠臣蔵　―花に散り雪に散り―』→133頁
タカラヅカにおける忠臣蔵の決定版と言われた作品。吉良上野介との確執、浅野内匠頭の切腹から四十七士による討ち入りまでを、一本物にて描く。

1968年花組大劇場
『メナムに赤い花が散る』→122頁
江戸時代初期、タイのアユタヤ朝で活躍した山田長政の生き様を描いた作品。

第七章の関連作品

2023年月組バウホール
『月の燈影』（初演2002年）→129頁
江戸の「川向う」を舞台に、幸蔵と次郎吉、再会した幼なじみ二人が運命に翻弄されるさまを描く。

2022年雪組ドラマシティ
『心中・恋の大和路』（初演1979年）→134頁

2022年雪組大劇場
『夢介千両みやげ』→129頁
山手樹一郎の小説を舞台化。庄屋の息子で、千両を使っての道楽修行を言い渡された夢介が巻き起こす騒動を描いた、痛快娯楽時代劇。

2021年花組大劇場
『元禄バロックロック』→124頁

2021年星組大劇場
『柳生忍法帖』→118頁

2021年月組博多座
『川霧の橋』（初演1990年）→128頁
山本周五郎作『柳橋物語』『ひとでなし』より。江戸の下町、大工の幸次郎とお光をめぐる人情味あふれる物語。

2021年星組ドラマシティ
『婆娑羅の玄孫』
婆娑羅大名と呼ばれた佐々木道誉の子孫であり、「婆娑羅の玄孫」と慕われる細石蔵之介の波瀾万丈な人生を描く。

2020年月組ドラマシティ
『出島小宇宙戦争』→130頁

2019年宙組大劇場
『El Japón　ーイスパニアのサムライー』
慶長遣欧使節の一員としてスペインに渡った剣豪・蒲田治道が主人公。舞台は仙台藩からスペイン南部の町コリア・デル・リオへと移る。

2019年月組大劇場
『夢現無双
-吉川英治原作「宮本武蔵」より-』→118頁

2018年花組大劇場
『MESSIAH　－異聞・天草四郎－』→120頁

2018年星組大劇場
『ANOTHER WORLD』→137頁
落語噺「地獄八景亡者戯」「朝友」「死ぬなら今」などをもとにし、「あの世」を舞台として繰り広げられる抱腹絶倒の物語。

2017年月組博多座
『長崎しぐれ坂』（初演2005年）→123頁
長崎の清商人の居住地である唐人屋敷で再会した、幼なじみの伊佐次、卯之助、おしまの物語。

2015年雪組バウホール
『銀二貫』
高田郁の小説が原作。舞台は大坂、仇討ちに巻き込まれた武士の息子が寒天問屋の主人に命を救われ、松吉と名を改めて商人として生きていく。

2015年花組ドラマシティ
『風の次郎吉　—大江戸夜飛翔—』
伝説の義賊・鼠小僧次郎吉の活躍を、若き日の遠山金四郎との男の友情を交えながら描く。

2015年雪組大劇場
『星逢一夜』→126頁

タカラヅカで学べない日本史 3

歌舞伎の誕生と洗練

日本の演劇史は、歌舞伎の歴史を抜きにして語ることはできない。
歌舞伎が誕生し、進化し、洗練されていったのは
江戸時代を通してのことであった。
今や「伝統芸能」といわれる歌舞伎だが、
江戸時代は「今を生きる芸能」だった。
ここでは、江戸時代に進化を遂げた歌舞伎の歩みをたどってみることにしよう。

1：歌舞伎のはじまり（17世紀前半）

1603年、出雲《いずも》のお国の「お国歌舞伎」が爆発的な人気を呼んだのが歌舞伎の始まりだ。やがてこれが男装した遊女たちによる「女歌舞伎」となるが、1629年、風紀上の問題から上演を禁じられる。代わって若い男性たちによる「若衆歌舞伎」が上演され始めるが、これまた1652年に禁止となる。

結局、成人男性による「野郎歌舞伎」しか上演できなくなるわけだが、これが演劇としての発展につながっていく。容色ではなく芸を売り物にしなければならなくなったからである。また、レビュー的な構成からまとまった芝居へと変化し、「続き狂言（多幕物）」が上演されるようになった。

2：元禄歌舞伎の黄金期（17世紀末）

17世紀末の元禄時代になると、上方の「和事《わごと》」と江戸の「荒事《あらごと》」と後に呼ばれる対照的な様式が作り上げられ、劇としての飛躍をみせる。

上方の「和事」は、身分ある男性が傾城《けいせい》（遊女）と恋仲になり、勘当されて苦労するというパターンの話で、代表的名優が坂田《さかた》藤十郎《とうじゅうろう》である。いっぽう江戸の「荒事」は、活気あふれる新興都市・江戸での英雄崇拝の気運から生まれた芸で、その代表的名優が市川團十郎《いちかわだんじゅうろう》であった。ともに、その名跡は現代にまで続いている。

歌舞伎『忍夜恋曲者～将門』の滝夜叉姫。『雪之丞変化』の劇中劇に登場する

3：洗練から安定へ（18世紀初め～中頃）

1714年には大奥の奥女中と花形役者の密会が明るみに出て、山村座が断絶に追い込まれる「絵島《えじま》生島《いくしま》事件」と呼ばれるスキャンダルが起こる。

18世紀前半は人形浄瑠璃の黄金期であった。1703年、近松門左衛門が実際の心中事件を元にして脚本を書き上げた『曽根崎心中』が話題を呼び、以来「心中物」と呼ばれるジャンルが人気を博す。実際に心中をはかる人が増えたため、1722年には心中物の脚色が禁止されるほどであった。タカラヅカでも舞台化された『冥途の飛脚』（134頁）もこの時期の近松の作である。

1746～48年には『菅原《すがわら》伝授《でんじゅ》手《て》習《ならい》鑑《かがみ》』『義経千本桜』『仮名手本忠臣蔵』（132頁）と、現代も「三大名作」と呼ばれる大作が立て続けに初演されている。いっぽう、この時期の歌舞伎は危機の時代であった。人形浄瑠璃のヒット作を移入して上演することも増えていき、「歌舞伎はなきがごとし」とまで言われた。

音楽の面では三味線が普及し、多彩な浄瑠璃（語り物）が誕生する。また、1758年には並木《なみき》正三《しょうぞう》が廻り舞台を発明した。こうしては脚本や音楽・舞台装置が進化した歌舞伎は、演劇としての完成度を高めていった。誕生から約200年経った18世紀末（安永・天明～寛政）には完成期を迎え、安定期へと入っていく。

4：爛熟と退廃の時代（19世紀）

19世紀に入ると、独特の作風を持った二人の作家が登場し、歌舞伎は爛熟ともいえる進化を遂げる。

文化・文政期に活躍したのが四代目鶴屋《つるや》南北《なんぼく》だ。代表作としては『東海道四谷怪談』（1825年）が知られる。江戸市中の風俗を再現した「生《き》世《ぜ》話物《わもの》」が登場し、生々しさ、エログロ、ナンセンスが喜ばれた。また、ケレン（早替わりや宙乗り）、濃厚な濡れ場、残虐な場面、仕掛けをふんだんに使った怪談などが取り入れられた。

嘉永・安政期から明治まで活躍した河竹黙阿弥《かわたけもくあみ》は『三人《さんにん》吉《きち》三《さ》廓《くるわの》初買《はつがい》』（1860）などの作者であり、江戸の俗語を取り入れた七五調のリズミカルで美しいセリフ回しが特徴だった。この頃「弁天小僧」や「鼠小僧」などの泥棒が活躍する「白浪物《しらなみもの》」が受けたのも、不安な世相の中、せめて劇場では発散したいという人々の心の反映なのだろう。

以上、江戸時代の歌舞伎の誕生から成長、安定、爛熟という過程を見てきた。どんな芸能にもこうしたサイクルがあるはずで、タカラヅカもきっとそうだろう。そう考えると、歌舞伎の歩みはタカラヅカの未来を占う上でも大いに参考になるはずだ。

妄想劇場その5

幕末志士たちの教育者・吉田松陰《よしだしょういん》が主人公になるなら？

レビュー・松下村塾《しょうかそんじゅく》『春に魂をとどめて』

木造瓦葺き平屋建ての小舎『松下村塾』の中で、四季を通じて松陰が生徒たちと心を通わせていく様子を描いたレビュー。

1876（明治9年）、神奈川県権令だった野村靖（松陰の門下生、禁門の変で討死した入江九一の実弟）の前に、沼崎吉五郎と名乗る老人が現れた。老人は、牢獄で託されたという吉田松陰の遺書『留魂録《りゅうこんろく》』を野村に渡す。野村が留魂録を開くと、在りし日の吉田松陰が現れて歌い始める。そこに『松下村塾四天王』と呼ばれた久坂玄瑞《くさかげんずい》、高杉晋作、吉田稔《とし》麿《まろ》、入江九一《いりえくいち》も加わり、時は彼らが松下村塾で学んだ日々へと遡るのだった。

「同志たちよ
　僕の真心を憐れんでくれるか
　僕の魂を継いでくれるか
　それならば恐れずにこの実をもいでくれ
　その種を地に埋めて欲しい
　いのちが色づく春　花を咲かせよう」
「この身体　武蔵の野辺に朽ちぬとも
　魂はとどまり　まだ見ぬ春を待っている」

【解説】1854年、ペリーが再来日した際に下田で密航を企てた吉田松陰は失敗して幽閉される。その後、1859年の安政の大獄にて29歳の若さで刑死する。この間、1856年から松下村塾で講義を開始し、ここから久坂玄瑞、高杉晋作、吉田稔麿 、入江九一をはじめ伊藤博文、山縣有朋ら多くの人材が育っていった。

第八章

タカラヅカで学ぶ 幕末〜明治・大正・昭和

時代ごとの権力者の推移

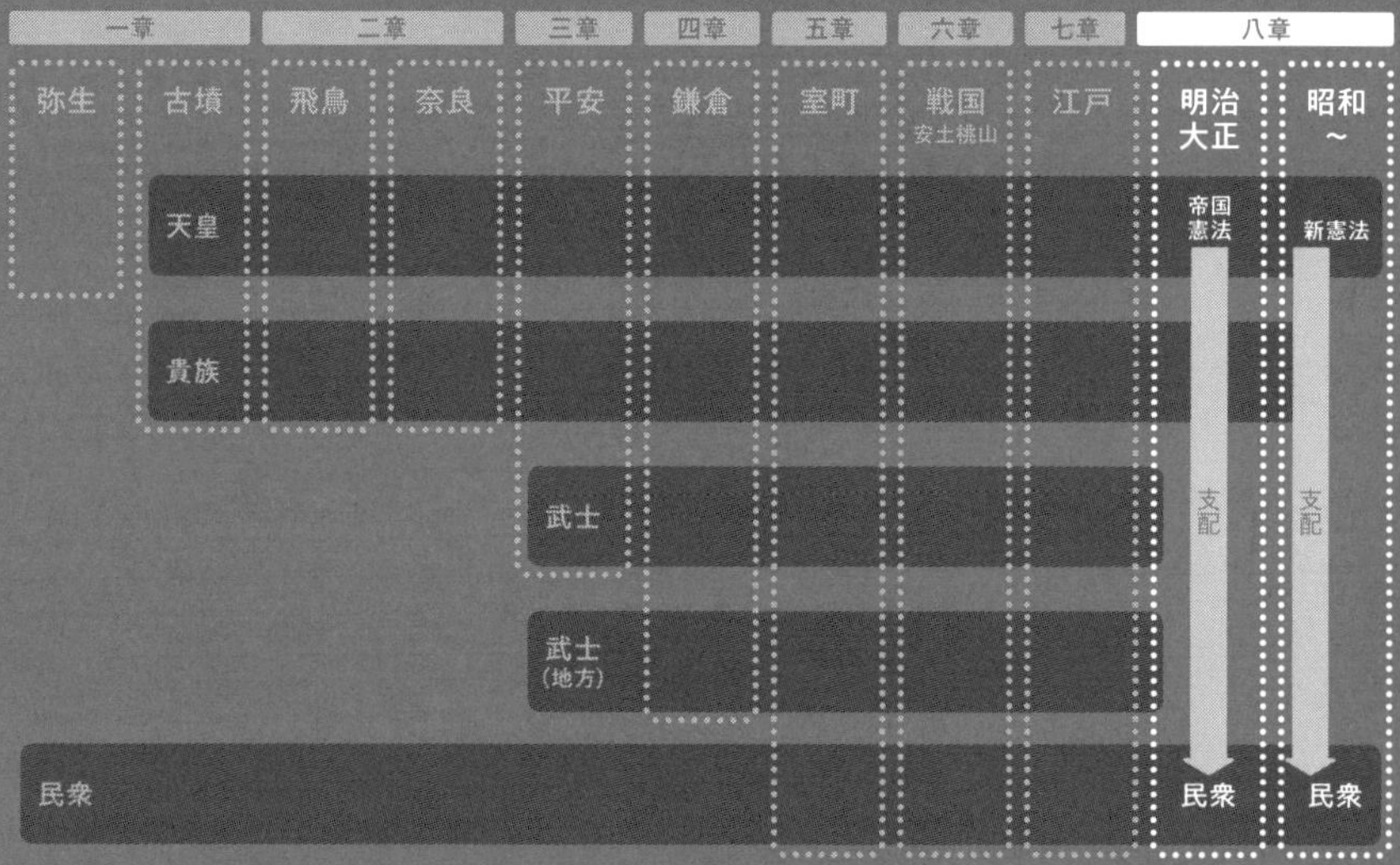

タカラヅカで学ぶ幕末～明治・大正・昭和

サムライの国から自由の国へ、そして戦争へ 万華鏡のような激動の時代

付喪神《つくもがみ》が語る幕末からの日本

…それはまるで、万華鏡をくるくると回しながら覗き込んだときに見える絵柄のように、変転した時代だった。

その変化は外国人の訪れによって始まった。日本の未来を憂える若者たちは最初、外国人を排斥せよという「**攘夷《じょうい》運動**」に走ったが、薩摩・長州という**雄藩《ゆうはん》**がこの考えの無謀に気付いたとき、そのエネルギーの矛先は「**討幕**」に向かっていった。

大政奉還、新政府の樹立、**戊辰《ぼしん》戦争**を経て、新しい政府によって世の中はガラリと変わってしまった。何しろ「サムライ」がいなくなってしまったのだから。元サムライたちは各地で乱を起こし、その頂点となったのが西郷隆盛による「**西南戦争**」だった。

明治時代は**富国強兵・殖産興業**を旗印にひたすら前に進んだ時代だった。**日清戦争・日露戦争**の勝利には大いに沸いたものだ。だが、このときの「これでわが国も西欧列強と肩を並べることができた」との思いが、その後の道を誤らせたような気がしてならない。

大正時代は明るく開放的な空気が感じられる時代だった。維新で

第八章のポイント

明治 新政府樹立・近代化政策（富国強兵・殖産興業）
日清・日露戦争での勝利

大正 大正デモクラシーによる政党政治の時代
関東大震災の打撃

昭和 軍部の支配から太平洋戦争へ。終戦後は平和国家を標榜。
高度経済成長で暮らしは豊かに

付喪神《つくもがみ》

『万華鏡百景色』（161頁）に登場。百年過ぎし物に宿る。

活躍した**元老**たちが支配権を握る政府に対して、板垣退助らが繰り広げていた**「自由民権運動」**が実り、本格的な**政党内閣**が樹立したのもこの頃だ。こうした動きは**大正デモクラシー**などと呼ばれる。

だが明るい光の裏側には暗い影が忍び寄る。度重なる不況に政党内閣はうまく対処できず、代わりに力を持ち始めたのが軍部だった。そして迎えた昭和の時代。気がつけば、西欧列強たちの植民地獲得競争の中に巻き込まれていた日本は、**満州事変**に始まり、**日中戦争**、そして**太平洋戦争**へと突き進んでいくことになる。

太平洋戦争での敗戦で、世の中は再びガラリと変わった。日本は軍備を解かれ、平和主義をうたった**日本国憲法**が制定された。ただ、その後の世界が冷戦の時代に突入する中で、日本もまた「反共の防波堤」との役割が期待され、**日米安全保障条約**による再軍備とともに**サンフランシスコ平和条約**で独立を果たしたのだった。

その後の日本は**高度経済成長**の時代を迎え、人々の暮らしは豊かになった。だが、そんな右肩上がりの成長の時代も終わりを告げ、再び混迷の時代を迎えている。

万華鏡が映し出す景色は、時代を超えて移ろいゆく。さて、次に見えるのは果たしてどんな景色なのだろうか。

同時代のタカラヅカ作品	世界のできごと
 『エリザベート』	アヘン戦争（1840 ～ 42） フランス二月革命→ 1848年革命 太平天国（1851 ～ 64） クリミア戦争（1853） フランツ・ヨーゼフ、 エリザベートと結婚（1854） ムガル帝国滅亡（1858）
『風と共に去りぬ』 『JIN ―仁―』 『星影の人』 『誠の群像』 『維新回天・竜馬伝！』 『壬生義士伝』 『大坂侍』	アメリカ南北戦争（1861 ～ 65） ロシアで農奴解放令（1861） ハンガリーに自治権（1867） →オーストリア＝ハンガリー帝国に再編
『Samourai』 『桜華に舞え』 『るろうに剣心』	プロイセン＝フランス戦争（1870 ～ 71） ドイツ帝国成立（1871） ロシア＝トルコ戦争（1877）
『猛き黄金の国』 『うたかたの恋』	 ルドルフ自殺（1889）

□は日本物、□は外国作品

年表 幕末〜明治・大正・昭和時代×タカラヅカ①

西暦	和暦	将軍	政治・経済・社会	文化
1850 …	嘉永	⑫家慶	ペリーが浦賀に来航（1853） 日米和親条約（1854）	
	安政	⑬家定	日米修好通商条約・安政の大獄(1858～59) 桜田門外の変（1860）	福沢諭吉、私塾開く（1858）
1860 …	万延 文久 元治 慶応	⑭家茂 ⑮慶喜	薩英戦争（1863） 池田屋事件・禁門の変・ 第一次長州征討（1864） 薩長連合成立（1866） 大政奉還・王政復古の大号令（1867） 戊辰戦争（1868～69） 版籍奉還（1869）	神仏分離令・ 廃仏毀釈運動（1868）
1870 …	明治		廃藩置県・岩倉使節団出発（1871） 徴兵令・地租改正条例・ 明治六年の政変（1873） 民撰議院設立の建白（1874） 廃刀令・秩禄処分（1876） 西南戦争（1877） 琉球処分・沖縄県の設置（1879）	郵便開業（1871） 学制公布・ 新橋～横浜間に鉄道開通（1872）
1880 …			大日本帝国憲法発布（1889）	鹿鳴館落成（1883）

	同時代のタカラヅカ作品	世界のできごと
	 『舞姫』 『夜明けの序曲』 蒼穹の昴	南アフリカ戦争（1899 ～ 1902）
	『龍の宮物語』 『春の雪』 『はいからさんが通る』 『夢千鳥』 『THE LAST PARTY』 『グレート・ギャツビー』	辛亥革命（1911） 第一次世界大戦（1914 ～ 19） ロシア革命（1917） アメリカで禁酒法（1920 ～ 33） 世界恐慌（1929）
	『NEVER SAY GOODBYE』 『黎明の風』 『チェ・ゲバラ』	スペイン内戦（1936 ～ 39） 第二次世界大戦（1939 ～ 45） 朝鮮戦争（1950 ～） キューバ革命（1959）
	『JFK』 『今夜、ロマンス劇場で』 『プラハの春』 『CITY HUNTER』 『国境のない地図』 『フリューゲル - 君がくれた翼 -』	キューバ危機（1962） アメリカが北爆開始 →ベトナム戦争本格化（1965） チェコスロバキアで「プラハの春」（1968） ベトナム和平協定・ 第四次中東戦争（1973）  ベルリンの壁崩壊、マルタ会談 →冷戦終結（1989）

は日本物、 は外国作品

年表 幕末〜明治・大正・昭和時代×タカラヅカ②

西暦	和暦	政治・経済・社会	文化（演劇中心）
	明治	西南戦争（1877）	
1880			鹿鳴館落成（1883）
1890		大日本帝国憲法発布（1889） 日清戦争（1894〜95）	
1900		日露戦争（1904〜05）	
1910	大正	韓国併合（1910） シベリア出兵・米騒動（1918）	**宝塚少女歌劇第1回公演**（1914） 浅草オペラブーム（1918頃）
1920	昭和	関東大震災（1923） 金融恐慌（1927）	築地小劇場完成（1924） ラジオ放送の開始（1925） **「モン・パリ」初演**（1927）
1930		満州事変（1931） 五・一五事件（1932）二・二六事件（1936） 日中戦争（1937〜）	**「パリゼット」**（1930） 「花詩集」（1933）
1940		太平洋戦争（1941〜45） 日本国憲法施行（1947）	**「翼の決戦」**（1944）
1950		サンフランシスコ平和条約・日米安全保障条約（1951）	「モルガンお雪」（1951） テレビ放送の開始（1953）
1960		安保闘争（1960） 東京オリンピック（1964） 大学紛争（1968〜69） ↕ 高度経済成長期	日本初の ブロードウェイ・ミュージカル 「マイ・フェア・レディ」初演（1963） **「オクラホマ！」**初演（1967） 小劇場運動盛り上がる（1969頃）
1970		沖縄返還（1972） 第一次石油危機（1973）	**「ベルサイユのばら」**初演（1974）
1980		プラザ合意（1985）→バブル経済へ	四季「キャッツ」初演（1983）
1990	平成		

四コマ図解

戊辰《ぼしん》戦争と明治維新

1863／1869

江戸幕府が倒れ、明治維新に至るまでの過程を、タカラヅカ作品から眺めてみよう。

1 長州藩、都を追われる

尊王攘夷論の強かった長州藩は公家たちと結んで朝廷を動かそうとするが、薩摩藩・会津藩と公武合体派の公家たちに追放される（八月十八日の政変）。長州藩はこれに反撃するも敗れ（禁門の変）、さらに第1次長州征討の軍を差し向けられる。

『星影の人』より

禁門の変に敗れ、逃亡する桂小五郎を、新撰組の沖田総司は見逃してやるのだった。

2 薩長連合が成立！

「薩英戦争」と「四国艦隊《しこくかんたい》下関《しものせき》砲撃《ほうげき》事件《じけん》」でそれぞれ外国勢力に敗れた薩摩と長州は「攘夷」はとうてい無理であることを悟る。こうして、敵対していたはずの薩摩と長州が手を結ぶ「薩長連合（薩長同盟）」が成立。その矛先は幕府へと向かっていく。

『維新回天・龍馬伝!』より

坂本竜馬の仲介で、薩長連合成立！

3 幕府は大政奉還、戊辰戦争始まる

1867年10月14日、討幕の動きを察知した幕府は先手を打って政権を天皇に返上（大政奉還）。だが、同じ日に薩長両藩は討幕の密勅を手に入れ、天皇中心の新政府を樹立。こうして幕府と新政府が軍事的に対立し、戊辰戦争が始まった。

『壬生義士伝』より

「鳥羽・伏見の戦い」で敗北した吉村貫一郎は、南部藩の藩邸に駆け込むが、旧友の大野次郎右衛門は貫一郎に切腹を命じざるを得ないのだった。

脱藩して新撰組
隊士となった
吉村貫一郎
佐助
大野千秋
南部藩差配役
大野次郎右衛門

4 五稜郭の戦いで、幕府軍ついに降伏

鳥羽・伏見の戦いで始まった戊辰戦争は北上し、西郷隆盛と勝海舟の会談により、江戸城は無血開城されたものの、上野や会津では激戦が続いた。結局、戊辰戦争は函館の五稜郭にまでもつれ込み、ここで幕府軍が降伏したことで終結した。

『誠の群像』より

五稜郭の戦いには新撰組の土方歳三も参戦し、最後まで戦い抜いた

榎本武揚《えのもとたけあき》
土方歳三

用語解説

1 「尊王攘夷」と「倒幕」と「公武合体」

天皇家を尊重する考え方が「尊王論」、日本を訪れ開国を迫り始めた外国勢力を武力で撃退せよという意見が「攘夷論」。やがてこれらが結びついて尊王攘夷運動となるが、「攘夷」が無理だとわかったときに倒幕の動きにつながっていく。いっぽう朝廷と幕府が提携して政局を運営すべしという考え方が「公武合体論」だ。

2 薩英戦争と四国艦隊下関砲撃事件

薩英戦争は「生麦事件（薩摩藩の行列を横切ったイギリス人を従士が殺害した事件）」の報復であり、鹿児島沖でイギリス艦隊が薩摩藩と交戦した。四国艦隊下関砲撃事件（下関戦争）では長州藩の外国船砲撃への報復として、英・仏・米・蘭の4国連合艦隊が下関を砲撃した。

3 王政復古の大号令

「討幕の密勅」を入手した薩長の討幕派によって1867年12月に発表された政体変革の命令書。幕府の廃絶や摂政・関白の廃止などが記載されていた。これによって明治天皇の下に新政府が樹立し、260年余り続いた江戸幕府は滅亡した。

4 藩閥政府

戊辰戦争を経て発足した新政府は、薩摩・長州・土佐・肥前の4藩、とりわけ薩摩と長州の出身者が政府の要職を独占していた「藩閥政府」であった。1885年の内閣制度成立後に首相や大臣となったのも、多くは薩長の出身者であった。

この人に注目！

幕末有名人カタログ

タカラヅカ作品でも活躍する志士たちが勢ぞろい

土佐 坂本竜馬

時代を動かしたキーパーソン

『JIN ―仁―』

『猛き黄金の国』

『Samourai』

『維新回天・竜馬伝！』

『硬派・坂本竜馬』

薩摩 西郷隆盛

どーんと構える「せごどん」

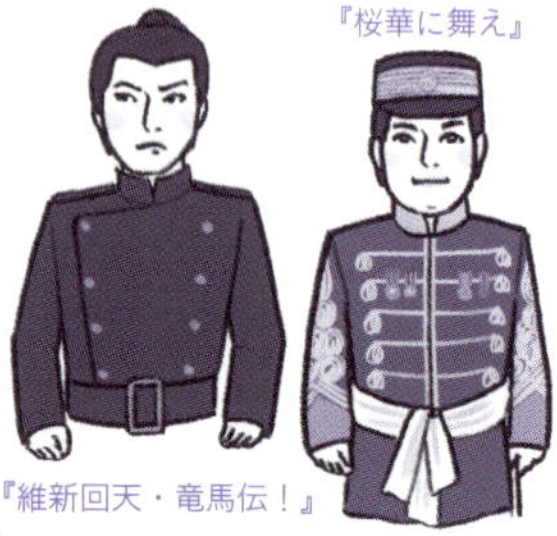

『桜華に舞え』

『維新回天・竜馬伝！』

長州 桂小五郎

「逃げの小五郎」の異名も!?

『星影の人』

『るろうに剣心』

『維新回天・竜馬伝!』

幕府 勝海舟

先見の明を持った幕臣

『誠の群像』

『JIN ―仁―』

『維新回天・竜馬伝！』

新撰組 沖田総司

スター候補生の登竜門

『星影の人』

『壬生義士伝』

『誠の群像』

『JIN ―仁―』

『維新回天・竜馬伝！』

土方歳三

鬼の副長、ここにあり！

『壬生義士伝』

『星影の人』

『誠の群像』

斎藤一

涼しい目をした色男

『るろうに剣心』

『壬生義士伝』

山南敬助

悲劇の最期を遂げた人徳の人

『星影の人』

『誠の群像』

近藤勇

局長として隊士をまとめる

『JIN ―仁―』

『星影の人』

『誠の群像』

『壬生義士伝』

1862／1878

西南戦争への道

『桜華に舞え』に学ぶ

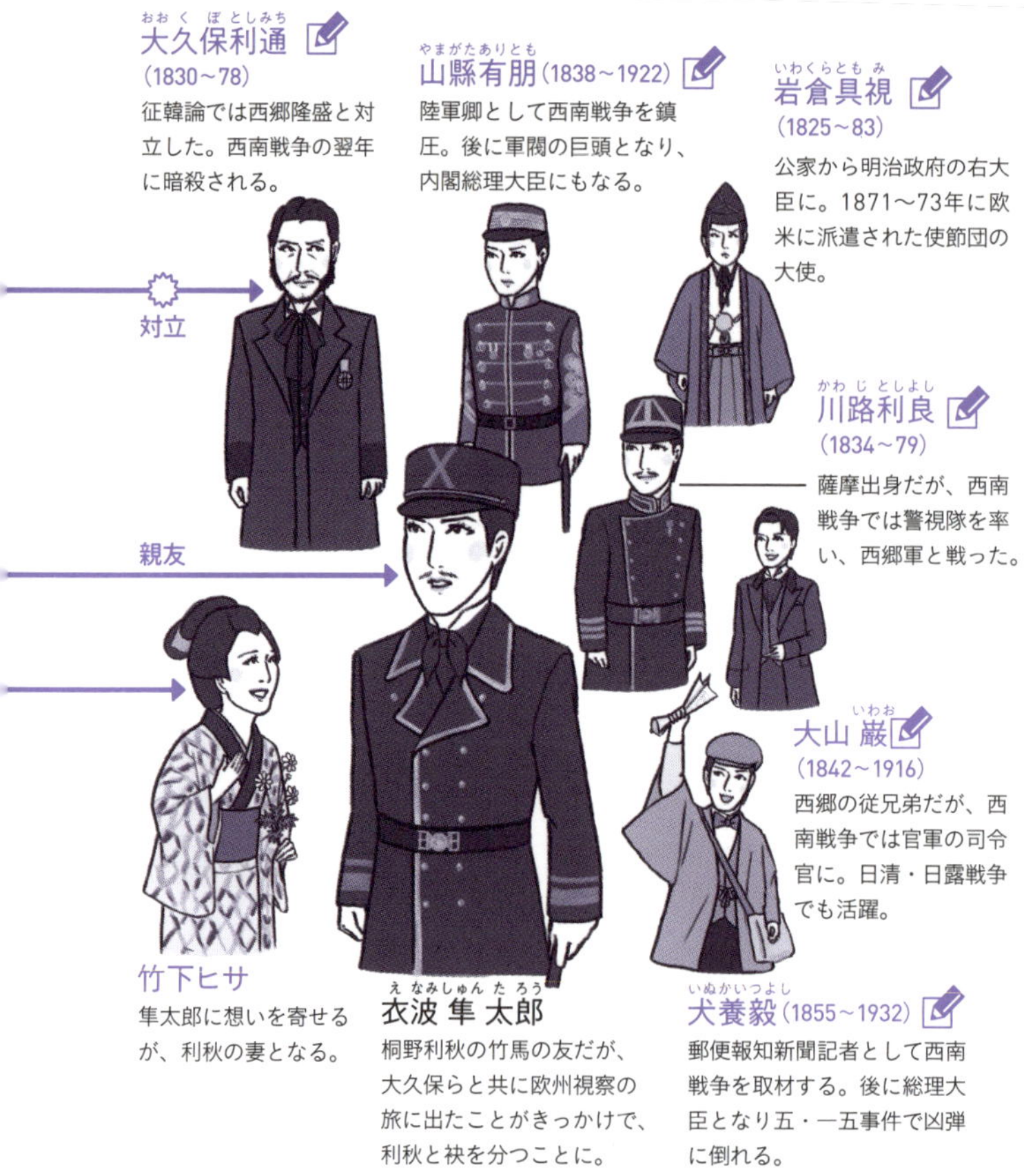
大久保利通《おおくぼとしみち》
（1830～78）
征韓論では西郷隆盛と対立した。西南戦争の翌年に暗殺される。
山縣有朋《やまがたありとも》（1838～1922）
陸軍卿として西南戦争を鎮圧。後に軍閥の巨頭となり、内閣総理大臣にもなる。
岩倉具視《いわくらともみ》
（1825～83）
公家から明治政府の右大臣に。1871～73年に欧米に派遣された使節団の大使。
対立
川路利良《かわじとしよし》
（1834～79）
薩摩出身だが、西南戦争では警視隊を率い、西郷軍と戦った。
親友
大山 巌《いわお》
（1842～1916）
西郷の従兄弟だが、西南戦争では官軍の司令官に。日清・日露戦争でも活躍。
竹下ヒサ
隼太郎に想いを寄せるが、利秋の妻となる。
衣波《えなみ》隼《しゅん》太郎《たろう》
桐野利秋の竹馬の友だが、大久保らと共に欧州視察の旅に出たことがきっかけで、利秋と袂を分つことに。
犬養毅《いぬかいつよし》（1855～1932）
郵便報知新聞記者として西南戦争を取材する。後に総理大臣となり五・一五事件で凶弾に倒れる。

西南戦争に至る道のりを描き、明治維新の「影」の部分にスポットを当てた珍しい作品。「昭和維新」が叫ばれる中で起きた五・一五事件で暗殺される犬養毅が、「明治維新」を回想するという形式で進んでいく。「維新を成し遂げた者は、維新によって消されていった」という台詞が印象的だ。

主人公の桐野利秋は勤王の志士として活躍した後に、西郷と共に鹿児島に帰郷し、西南戦争を指揮した人物だ。セリフのやり取りは鹿児島弁で行われる。

西郷隆盛、大久保利通が「征韓論」で対立し、不平士族らを巻き込みながら西南戦争へと向かっていく様（次頁の図解参照）が緊迫感を持って描かれているという点で、日本史の勉強になる作品でもある。

愛奈姫《まなひめ》
会津藩の姫。戊辰戦争の敗北により、身を落とす。

八木永輝《ながてる》
桐野利秋への復讐を心に誓い、西南戦争では政府軍として戦う。

大谷吹優《ふゆ》
戊辰戦争で官軍と渡り合い、利秋に命を助けられる。その後、医学を学び、西南戦争では看護隊「博愛社」(日本赤十字の前身)の一員として戦地に赴く。

村田新八
西郷とは幼馴染。岩倉使節団の一員であったが、西郷の下野と共に鹿児島へ。

篠原国幹《しのはらくにもと》
田原坂の戦いを指揮し、戦死を遂げた。

別府晋介
桐野利秋の従弟。西南戦争では西郷を介錯した。

西郷隆盛(1827~77)
征韓論で明治政府と対立。薩摩に戻り、西南戦争を起こす。不平氏族と共に滅びていくのが自らの役割と考えている。

桐野利秋《きりのとしあき》
通称、中村半次郎。類稀な剣の才能を持ち、「人斬り半次郎」と呼ばれた。「最後のサムライに残された務め」を果たすべく、西南戦争で壮絶な戦死を遂げた。

恨む
お互いを大切に思う
夫婦

図解 「明治六年の政変」が分かれ道

「征韓論」＝朝鮮の鎖国政策を武力で打破して国交を開かせようという主張

外遊組は反対 ※岩倉使節団の面々
(岩倉具視・大久保利通・木戸孝允・伊藤博文ら)

朝鮮と戦っている場合じゃない!

居残り組は賛成 ※留守政府の面々
(西郷隆盛・江藤新平・板垣退助・後藤象二郎ら)

これで士族の不満を吸収できる!

↓

明治六年の政変(「征韓論」敗れる)

板垣退助・後藤象二郎・江藤新平・西郷隆盛

自由民権運動コース
民撰議員設立の建白書(1874)

不平士族の乱コース
佐賀の乱(江藤・1874)・西南戦争(西郷・1877)

1885／1889

富国強兵の時代

『舞姫』に学ぶ

ドクトル・フォン・ヴィーゼ
ドイツの法学博士。豊太郎の師。大日本帝国憲法の起草を手伝う。ちなみに史実で憲法制定に尽力したドイツの法学者はロエスレル。

馳《はせ》芳次郎
私費でベルリンに暮らす画家。豊太郎とは同郷。その自立した生き方に豊太郎は共感する。

ミリィ
売れっ子の絵のモデル。病に倒れた芳次郎を懸命に看病する。

エリス・ワイゲルト
ヴィクトリア座の踊り子。免官となった豊太郎と暮らし始め、子を身籠るが、豊太郎が帰国の決意をしていたことを知り、気が狂う。

ローザ・ワイゲルト
エリスの母。豊太郎との交際には反対している。

森鷗外の小説『舞姫』の舞台化だが、脚色の妙が舞台ならではの魅力を生み出している作品だ。主人公の豊太郎は陸軍に所属しているという設定で、その麗しい軍服姿に目をみはるのはタカラヅカならでは。また、画家の芳次郎、軍医の岩井、ヴィーゼ博士など原作には登場しない多彩な人々の生き様が、豊太郎の歩む道を浮き彫りにしてみせる。

「日本」と「西洋」の対比がくっきりと描かれる中で、豊太郎にかけられた期待の重さが際立つ。音楽も、ドイツを感じさせる重厚なクラシックと、和楽器も多用した邦楽が、かわるがわる流れるのが美しい。

そして、結末は大日本国憲法発布の場面である。この時代の人々の奮闘に思いを馳せたくなる作品でもある。

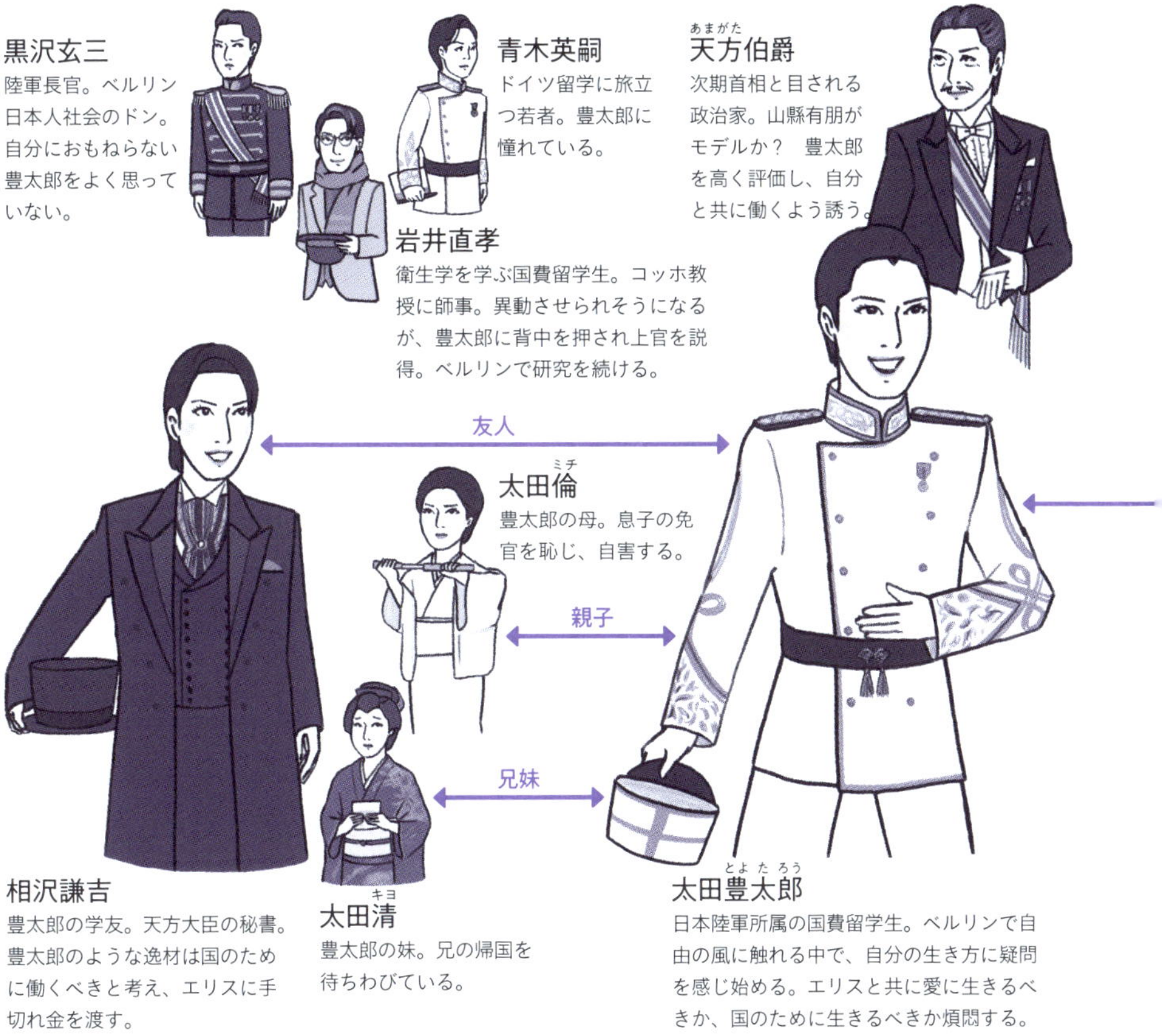
黒沢玄三
陸軍長官。ベルリン日本人社会のドン。自分におもねらない豊太郎をよく思っていない。
青木英嗣
ドイツ留学に旅立つ若者。豊太郎に憧れている。
天方《あまがた》伯爵
次期首相と目される政治家。山縣有朋がモデルか？　豊太郎を高く評価し、自分と共に働くよう誘う。
岩井直孝
衛生学を学ぶ国費留学生。コッホ教授に師事。異動させられそうになるが、豊太郎に背中を押され上官を説得。ベルリンで研究を続ける。
友人
太田倫《ミチ》
豊太郎の母。息子の免官を恥じ、自害する。
親子
兄妹
相沢謙吉
豊太郎の学友。天方大臣の秘書。豊太郎のような逸材は国のために働くべきと考え、エリスに手切れ金を渡す。
太田清《キヨ》
豊太郎の妹。兄の帰国を待ちわびている。
太田豊太郎《とよたろう》
日本陸軍所属の国費留学生。ベルリンで自由の風に触れる中で、自分の生き方に疑問を感じ始める。エリスと共に愛に生きるべきか、国のために生きるべきか煩悶する。

図解

大日本帝国憲法の下では？

天皇が統治権の全てを握っており、「天皇大権」と呼ばれる大きな権限を持っていた。

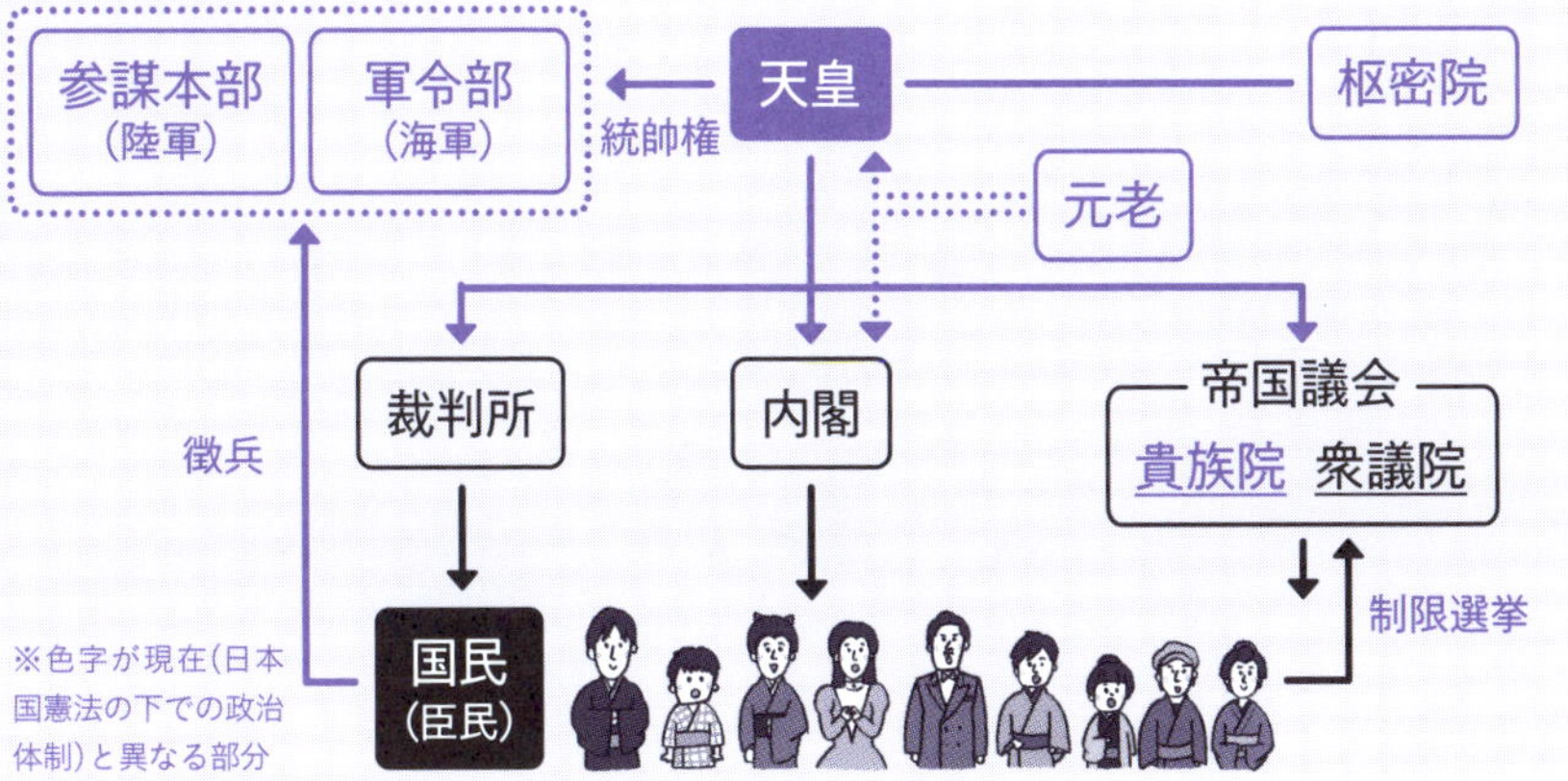
参謀本部
（陸軍）
軍令部
（海軍）
統帥権
天皇
枢密院
元老
裁判所
内閣
帝国議会
貴族院
衆議院
徴兵
制限選挙
国民
（臣民）
※色字が現在(日本国憲法の下での政治体制)と異なる部分

四コマ図解

大正期の文化と宝塚少女歌劇の誕生

1886／1933

小林一三の発案による宝塚少女歌劇の誕生は、この時代の文化史から見ても重要なできごとなのだ。

1 明治時代、演劇界の激動

明治前期に始まった「演劇改良運動」によって歌舞伎も近代化しようという動きが起こる。いっぽう川上音《かわかみおと》二郎《じろう》は自由民権運動の活動家たち（壮士）による「壮士芝居」を始めて人気となり、やがてこれが新派劇へと発展した。

妻の貞は日本初の女優となった。
川上音二郎は自由と民権を鼓舞する「オッペケペー節」を大流行させた。

『夜明けの序曲』より

2 宝塚少女歌劇、誕生

西欧からやってきた「歌劇」が注目を集める中、小林一三の発想により誕生したのが「宝塚少女歌劇」だ。1914年に行われた第1回公演の演目は、御伽歌劇『ドンブラコ』喜歌劇『浮れ達磨』ダンス『胡蝶』であった。

日本一
犬
桃太郎
雉
猿
小林一三
「桃太郎」を題材とした御伽歌劇『ドンブラコ』は北村季晴の作。当時、日本人の手で作曲された「歌劇」として注目された作品だった。

『ドンブラコ』より

3 大正期、花開く大衆文化

宝塚少女歌劇が育った大正期は都市の発展、教育の普及とインテリの増大、活字文化とマスメディアの発展により、大衆文化が芽生えた時代だった。その先進的で開放的、あるいは甘くロマンチックな雰囲気が「大正ロマン」と称された。

モダンガール(モガ)、モダンボーイ(モボ)が街を闊歩した。

『万華鏡百景色』より

カフェーで『地獄変』を執筆する芥川龍之介

女学生たち

『はいからさんが通る』より

浅草オペラが大人気に

ペラゴロ

---

4 レビュー黄金時代

1930年代はレビューが大流行した時代だった。宝塚少女歌劇でも岸《きし》田《だ》辰《たつ》彌《や》による日本初のレビュー『モン・パリ』に始まり、白《しら》井《い》鐵造《てつぞう》の『パリゼット』『花詩集』と、華やかなレビューが次々と上演された。

『パリゼット』より

パリ遊学から帰国したばかりの白井鐵造によるレビュー。「すみれの花咲く頃」や「おお宝塚」が歌われたのはこの作品からだ。

用語解説

1 「新派劇」と「新劇」

「新派劇」は古い歌舞伎劇に対し、明治中期に新しく起こった演劇のこと。いっぽう西洋近代劇の翻訳・上演を行なったのが「新劇」。新劇の本拠地として小山内薫・土方与志らにより創設された築地小劇場は宝塚大劇場と同じ1924年に開場している。

2 帝国劇場

宝塚少女歌劇が始まる3年前の1911年には帝国劇場が開場している。「帝国」劇場といっても国が建てたのではなく、演劇の近代化に関心の高い財界人有志の協力でスタートした劇場だ。今はミュージカルの聖地のようになっているが、初期の頃は歌舞伎・オペラ・バレエ・新劇など様々なジャンルの作品が上演された。

3 浅草オペラ

1917年に浅草六区の常磐座で始まり、1923年の関東大震災まで流行した、娯楽性が強く軽い内容のオペラ。浅草オペラにハマってしまった青年たちは「ペラゴロ」と呼ばれた。代表的なスターに榎本健一(エノケン)や田谷力三がいる。ちなみに『モン・パリ』を作った岸田辰彌(洋画家・岸田劉生の弟)も浅草オペラの出身だ。

4 戦争への足音

華やかなレビューが一世を風靡した1930年代は、満州事変(1931年)、　五・一五事件(1932年)、二・二六事件(1936年)、日中戦争(1937〜)が起こり、戦争への足音が聞こえ始めた時代でもあった。

1928／1951

終戦からサンフランシスコ平和条約へ

『黎明《れいめい》の風』に学ぶ

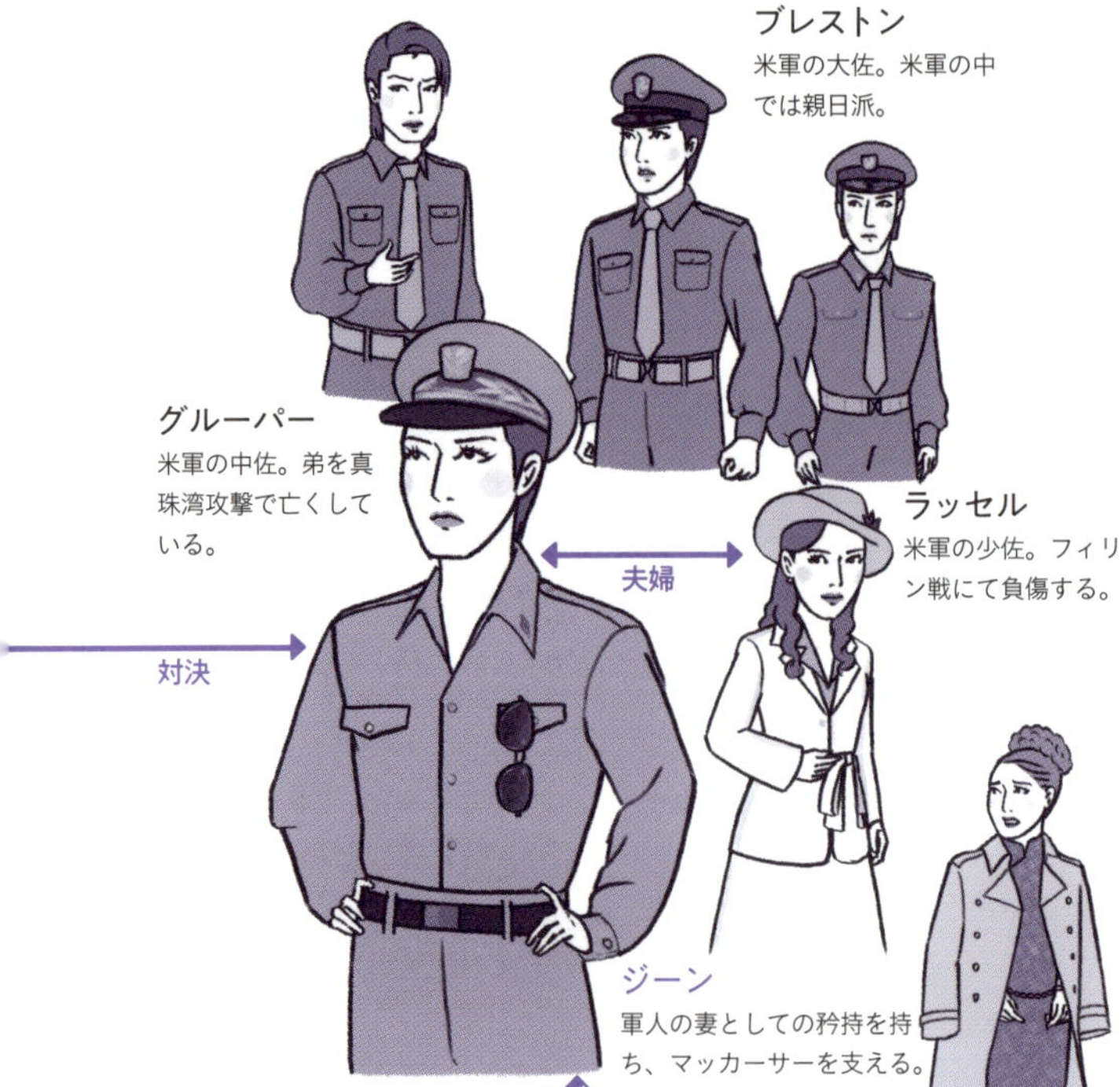
ブレストン
米軍の大佐。米軍の中では親日派。
グルーパー
米軍の中佐。弟を真珠湾攻撃で亡くしている。
ラッセル
米軍の少佐。フィリピン戦にて負傷する。
夫婦
対決
ジーン
軍人の妻としての矜持を持ち、マッカーサーを支える。
ダグラス・マッカーサー
(1880～1964)
アメリカ陸軍元帥。太平洋戦争では対日戦を指揮。終戦後は連合国軍最高司令官総司令部(GHQ)の最高司令官として日本占領を行う。
東京ローズ
「東京ローズ」は日本軍のプロパガンダ放送のアナウンサーに米兵がつけた愛称。本作では、日本軍に徴用された日系二世として描かれる。

戦後、GHQの矢面に立って折衝に当たった白洲次郎と、GHQの最高司令官マッカーサー。二人を主人公として、太平洋戦争開戦前夜から終戦、戦後の混乱、朝鮮戦争の勃発、そしてサンフランシスコ平和条約締結までを描く。互いに信念を譲らない二人の丁々発止の対決が見どころとなっている。

作・演出の石田昌也は、夢とロマンの宝塚には意外にも「戦争」「革命」を題材としている作品が多いことに着目し、タカラヅカらしさと時代のリアリティを融合させた「昭和の時代劇」を描いてみようと考えたようだ。

戦時中の国家総動員法、特攻隊から東京裁判、日系アメリカ人の苦労、朝鮮戦争、そして自衛隊と改憲問題まで描かれており、日本戦後史が学べる作品でもある。

近藤文男
地道にコツコツ仕事をする事務方官僚。戦後日本の復興を支えた「縁の下の力持ち」の典型。
打田友彦
次郎の同郷の後輩。
辰美英次
辰巳栄一という実在の人物がモデル。帝国軍人だが反戦派。広島の原爆で妹を失う。警察予備隊設立時には改憲を主張する。
吉田茂(1878～1967)
戦前は外交官。戦後1946年に総理大臣に就任し、延べ7年にわたって政権を担当。サンフランシスコ平和条約締結時の総理大臣。
吉田和子
吉田茂の娘。麻生太賀吉(麻生太郎の父)と結婚
宮川喜一郎
大蔵省で脚光を浴びる若手官僚。後に総理大臣となった宮澤喜一がモデルか？
夫婦
白洲正子《しらすまさこ》
樺山伯爵家の娘。次郎とは互いに一目惚れで結婚。能や骨董にも造詣が深く、小林秀雄らとも親交を結んだ。自身も多数の著作を残す。
白洲次郎が「カントリー・ジェントルマン」と称して戦時中から住み始めた鶴川村(現・東京都町田市)の居宅「武相荘」は現在も一般公開されており、白州夫妻の暮らしぶりを窺い知ることができる。
白洲次郎《しらすじろう》
イギリス・ケンブリッジ大学に留学。吉田茂に請われて、GHQとの交渉窓口を務める。愛車ポルシェを乗り回し、生涯プリンシプル(信条)を貫いた男。遺言は「葬式無用、戒名不用」の2行だった。

図解

朝鮮戦争が日本にもたらした2つの幸運

朝鮮戦争によりアメリカの対日政策は大きく方針転換（非軍事化から再軍備へ）。
日本は「共産主義に対する防波堤」となることが期待されるようになった。

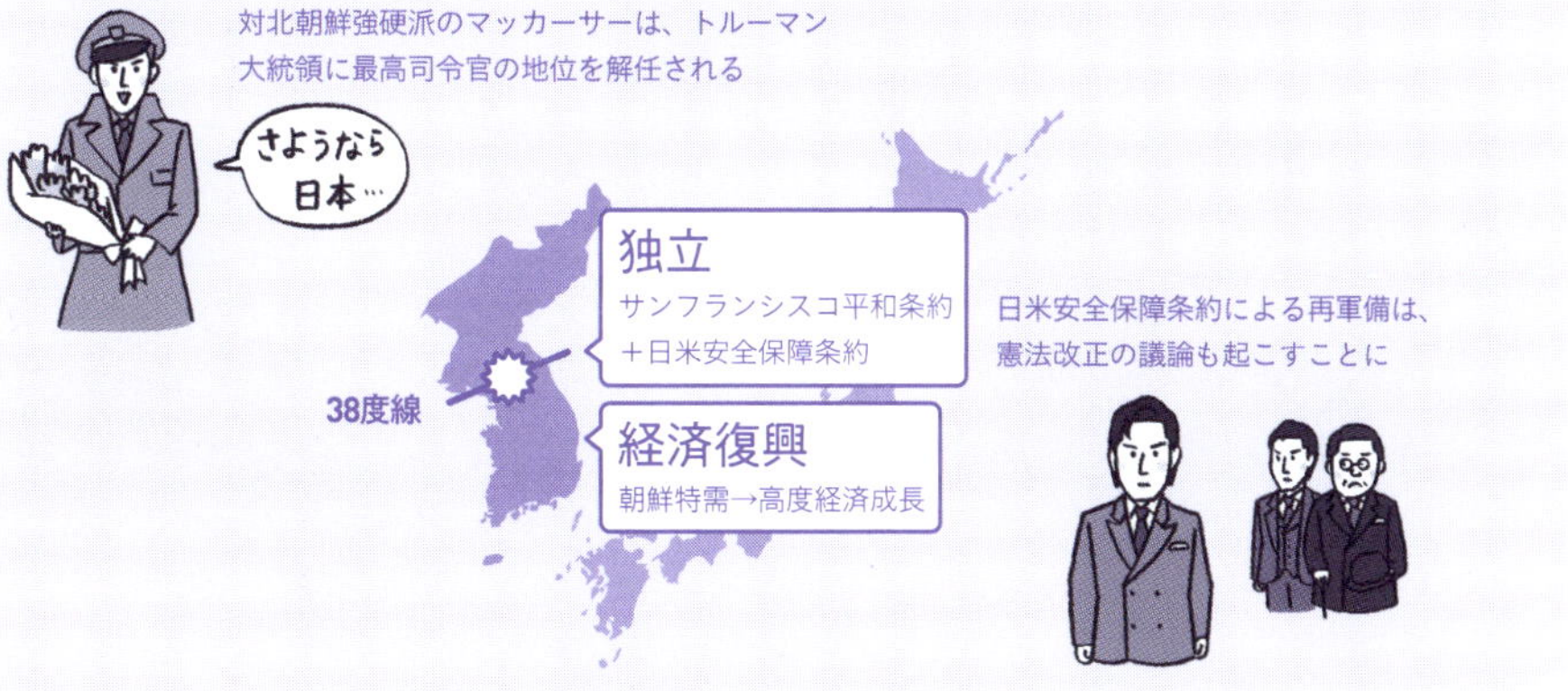
対北朝鮮強硬派のマッカーサーは、トルーマン大統領に最高司令官の地位を解任される
さようなら日本…
独立
サンフランシスコ平和条約＋日米安全保障条約
38度線
経済復興
朝鮮特需→高度経済成長
日米安全保障条約による再軍備は、憲法改正の議論も起こすことに

戦争とタカラヅカ

１００年を越える歴史の中で、数々の危機を乗り越えてきたタカラヅカ。中でも大きな危機の一つは太平洋戦争だろう。この時代のタカラヅカでは何が起こっていたのかを振り返ってみよう。

軍国主義の影

「レビュー黄金時代」と称された１９３０年代も後半になると、徐々に軍国主義の影が忍び寄ってきた。上演タイトルにも、少しずつそんな気配が感じられるものが出てくる。

１９４０年8月には「レビュー」や「オペラ」など外来語の使用が禁止になった。同年9月には『歌劇』『宝塚グラフ』が廃刊される。『歌劇』巻末の「廃刊のことば」には「今般、時局に鑑み、本号を以つて自発的に廃刊する事となりました」とある。

同年10月1日には「宝塚少女歌劇団」が「宝塚歌劇団」と改称された。これも「少女」の文字を自発的に外したということのようだ。ちなみに、戦時中は芸名を変えさせられた例もあったらしい。たとえば「神」は不遜ということで「神代錦《かみよにしき》」さんが「嘉美代錦《かみよにしき》」さんに、「久邇《くに》」は宮家で不敬ということで「久邇京子《くにきょうこ》」さんが「久美京子《くみきょうこ》」さんに改名させられたりした。

１９４１年12月には太平洋戦争が開戦。『軍艦旗征くところ』『航空母艦』（１９４２年）、『撃ちてし止まむ』『日の丸戦隊』（１９４３年）など、タカラヅカでも戦時色の濃い演目がずらりと並ぶようになる。時勢に迎合したわけだが、このような内容のものをやらないと歌劇団の存続は許されなかったのだ。

だが、注目したいのは、この時期にあっても、楽しい作品も上演していたということだ。１９４２年には『ピノチオ』『新かぐや姫』（今も歌われる「さよなら皆様」は、この作品の主題歌だ）、１９４３年には『たけくらべ』といっ

戦時中、宝塚大劇場が閉鎖になる前の最後の演目『翼の決戦』の伊勢中尉

た具合である。

タカラジェンヌたちの移動公演

1932年、日本の傀儡国家として満州国が建国されたが、タカラヅカは1942・43・44年と3回の満州公演を実施している。特に第3回の公演は戦況が悪化していたこともあり、大変に厳しい行程であったようだ。

また、「宝塚歌劇移動隊」による公演もあった。これは1942年4月に広島の工場へ出かけたのを手始めに、何度も行われた。移動隊の編成は、隊長1人、生徒16人、オーケストラ5人、衣装係1人の合計23人が基本だったが、これより小さな編成もあった。1944年8月には北海道・樺太まで行って公演したチームもあったそうだ。タカラジェンヌたちは厳しい環境にある各地にも果敢に足を運び、公演を続けていたのである。

宝塚大劇場・東京宝塚大劇場が閉鎖に

1944年3月1日、第一次決戦非常措置要綱に基づいて、全国19の興行場が3月5日限りで閉鎖されることになった。対象となったのは歌舞伎座、新橋演舞場、帝国劇場、明治座など、その中に宝塚大劇場・東京宝塚劇場も含まれていた。

その後の宝塚大劇場は、3月2日は節電のための休演だったが、3日は観客が殺到し、長蛇の列を成したため、急遽12時・5時の2回公演を実施。4日も観客の興奮と殺気のため、客席の整理がつかず開演が25分遅れとなった。激高した市民を鎮めるために警官がサーベルを抜く一幕もあった。

この時に上演されたのが『翼の決戦』だ。特攻隊に向かう使命を帯びた伊勢中尉役を春日野《かすがの》八千代《やちよ》が演じた。春日野は最後の公演後の挨拶で「宝塚歌劇団は不死鳥ですから、また皆さまとお目にかかれることを信じます」と述べたそうである。

この頃には宝塚音楽学校の生徒たちにも勤労動員が課されるようになっていた。彼女たちは川西航空機宝塚製作所に動員され、飛行機の部品作りを行った。

1945年5月から宝塚映画劇場での公演は許可されたが、6月、7月と空襲が次第に激しさを増し、公演を中止する日も増える。そして8月、終戦。

閉鎖された宝塚大劇場は海軍に接収され、その舞台は雨天体操場として使用されていたらしい。そして、1946年春には返還された。戦後、宝塚大劇場での公演が再開されたのは1946年4月22日のこと。演目は、歌劇『カルメン』、レビュー『春のをどり』であった。だが、東京宝塚劇場の方は1955年まで連合軍専用劇場（アーニー・パイル劇場）として使用されることになる。

その頃、世界では？

19世紀末、西欧諸国は帝国主義のもと植民地獲得競争に明け暮れる。20世紀は2つの世界大戦（第一次世界大戦・第二次世界大戦）を経て、冷戦の時代へ。

ルドルフ、マリーと心中(1889)
『うたかたの恋』より

アメリカで禁酒法(1920)
『グレート・ギャツビー』より

スペイン内戦(1936〜39)
『NEVER SAY GOODBYE』より

キューバ革命(1959)
『チェ・ゲバラ』より

- **戊辰戦争終結(1869)の1年後にプロイセン＝フランス戦争が開戦(1870)**
- **宝塚少女歌劇第1回公演(1914)の年に第一次世界大戦が開戦**
- **東京オリンピック(1964)の翌年にベトナム戦争が本格化(1965)**

衣装解剖図鑑

西欧の文化が怒涛のように押し寄せた時代だけに、衣装も和と洋が絶妙に融合されている。

【明治・大正・昭和】

2023年月組大劇場
『万華鏡百景色』→161頁
江戸・明治・大正・昭和・平成・令和と移り変わってきた街「東京」で生きる人々のドラマを描いたレビュー作品。

2023年花組バウホール
『舞姫』（初演2007年）→158頁

2022年月組大劇場
『今夜、ロマンス劇場で』
2018年に公開された映画の舞台化。1960年代、映画監督を目指す健司と、彼のもとに飛び出してきたモノクロ映画のヒロイン・美雪とのラブストーリー。

2021年雪組大劇場
『CITY HUNTER』
北条司の漫画が原作。1980年代の新宿、「心が震えたとき」のみ依頼を受けるスイーパー（始末屋）、「シティーハンター」こと冴羽獠の活躍ぶりを描く。

2021年宙組バウホール
『夢千鳥』
大正ロマンを代表する画家・竹久夢路の生涯を、彼を題材とした作品に挑む映画監督の愛憎劇を絡ませながら描く。

2020年花組大劇場
『はいからさんが通る』（2017年初演）→161頁
大和和紀の漫画の舞台化。大正時代の東京、陸軍少尉の伊集院忍と、彼の「運命の人」である「はいからさん」こと花村紅緒との恋物語。

2019年星組バウホール
『龍の宮物語』
夜叉ヶ池伝説に『浦島太郎』を織り交ぜた物語。明治中期、書生の伊予部清彦は龍神の姫・玉姫と出会い、池の底にある宮殿「龍の宮」に誘われる。

2012年月組バウホール
『春の雪』
三島由紀夫の長編小説『豊饒の海』4部作の第1巻『春の雪』の舞台化。明治末期、侯爵家の嫡子・松枝清顕と伯爵家の令嬢・綾倉聡子との禁断の恋を描く。

2008年宙組大劇場
『黎明の風』→162頁

1999年花組大劇場
『夜明けの序曲』（初演1982年）→160頁
「オッペケペー節」で一世を風靡した川上音二郎が、妻の貞と共に、世界進出を目指してアメリカ、パリでの興行に挑む。

第八章の関連作品

【幕末】

2019年雪組大劇場
『壬生義士伝』→153頁
浅田次郎の小説を舞台化。南部藩の下級武士として生まれ、貧困から家族を救うために新撰組隊士となった吉村貫一郎が主人公。

2018年雪組全国ツアー
『誠の群像』(初演1997年)→153頁
司馬遼太郎の小説『燃えよ剣』『新選組血風録』より着想。「鬼の副長」として新撰組で名を轟かせた土方歳三が、五稜郭の戦いにて散っていくまでを描く。

2017年雪組大劇場
『幕末太陽傳』→137頁
川島雄三監督の映画「幕末太陽傳」の舞台化。落語「居残り佐平次」の佐平次が品川の遊郭・相模屋で騒動を巻き起こす。高杉晋作も登場する。

2016年星組大劇場
『桜華に舞え』→156頁

2016年雪組大劇場
『るろうに剣心』
和月伸宏原作の漫画を舞台化。幕末は人斬りとして恐れられたが、維新後は「不殺」を誓った剣客・緋村剣心が主人公。漫画でおなじみのキャラクターも多数登場。

2015年雪組博多座
『星影の人』(初演1976年)→152頁
新選組一番隊組長・沖田総司の短い生涯を、はかない恋のエピソードを織り交ぜながら描く。

2012年雪組大劇場
『JIN ―仁―』
村上もとかの漫画の舞台化。幕末にタイムスリップしてしまった医師・南方仁の活躍を、坂本龍馬との友情も交えながら描く。

2012年雪組ドラマシティ
『Samourai』
月島総記の小説「巴里の侍」を舞台化。1871年、普仏戦争の時代のパリに生きた日本人、前田正名を主人公とした物語。

2007年月組バウホール
『大坂侍』
司馬遼太郎の小説の舞台化。幕末の大坂、豪商たちが大きな力を持ち「金」が全ての世界で、侍としてどう生きるべきかに悩む川方同心の鳥居又七が主人公。

2006年宙組大劇場
『維新回天・竜馬伝!』→152頁
1989年・1996年に上演された『硬派・坂本竜馬』のリメイク。幕末のヒーロー・坂本竜馬が主人公。薩長連合成立に奔走し、海援隊設立に夢を馳せ、志半ばに倒れた竜馬の生涯を描く。

2001年雪組大劇場
『猛き黄金の国』
本宮ひろ志の漫画が原作。三菱財閥の基礎を作り上げた岩崎弥太郎が、ジョン万次郎・坂本竜馬・三野村利左衛門・後藤象二郎らとの出会いの中で成長していく姿を描く。

タカラヅカ作品に登場する総理大臣

タカラヅカの舞台で活躍している総理大臣、こんな方々がいます。

伊藤博文《いとうひろぶみ》

『蒼穹の昴』に肖像画さながらの姿で登場。窮地に陥った梁文秀らが、後ろ盾となってくれることを期待するが、うまくいかない。

山縣有朋《やまがたありとも》

『桜華に舞え』では西郷隆盛一派と敵対する存在だが(156頁)、『るろうに剣心』では加納惣三郎邸のパーティーで麻薬に酔わされてしまう。

犬養 毅《いぬかいつよし》

『桜華に舞え』では、五・一五事件の瞬間と、若き日に新聞記者として西南戦争の取材に奔走する姿が描かれる(156頁)。

吉田 茂《よしだしげる》

『黎明の風』に登場。白洲次郎の才を認め、引き立てる。サンフランシスコ平和条約締結の立役者となる(163頁)。

宮澤喜一《みやざわきいち》

『黎明の風』では宮川喜一郎という役名で登場するが、宮澤喜一がモデルではないかと想像されるキャラクター(163頁)。

妄想劇場その5

宝塚歌劇の創始者・小林一三《こばやしいちぞう》が主人公になるなら?

レビュー・オブ・ライフ
『人生という名の阪急電車』

1923年、宝塚新温泉で火事が起こり、劇場の建物も全焼してしまった。肩を寄せ合って泣く生徒たちの背後から小林一三が現れる。一三は「私がかねて願っていた、みんながびっくりするような大劇場を建てるときがやって来た」と宣言する。

一三がマルーンカラーの阪急電車に乗って向かった先には、男役の黒燕尾服を来た「レビューの神さま」が待っていた。レビューの神さまと共に、一三はタカラヅカと自分自身の歴史を振り返る。

気がつけば一三のまわりではタカラヅカの名場面が繰り広げられていた。『ドンブラコ』(1914年)に始まり、『モン・パリ』(1927年)、『パリゼット』(1930年)、『花詩集』(1934年)、『虞美人』(1951年)…そして「レビューの神さま」も天津乙女《あまつおとめ》、芦原邦子《あしはらくにこ》、小夜福子《さよふくこ》、春《か》日野八千代《すがのやちよ》…と名前を変えていった。

そして1957年、一三は「レビューの神さま」に後のことを託して阪急電車を降りる。だが、夢の世界は続いていくのだった。

【解説】1907年に箕面有馬電気軌道(現在の阪急電鉄)を創業した後、1914年にはじめた宝塚少女歌劇は一三自身にとっても「夢」であり心の拠り所であった。宝塚歌劇の生みの親として、今なお多くの人から慕われる小林一三。「一三先生を主人公にした作品が観たい!」というファンの夢を叶える待望の企画である。

あとがき

古代から続けてきた日本史の旅も、ようやく終わりが近づこうとしています。作品数としては決して多いわけではありませんが、一つひとつの奥深さ、密度の濃さを改めて実感しています。

今回も牧彩子さんにイラストを描いていただきましたが、その豊かで繊細な表情に加えて、衣装の形状や文様なども細かく描き込んでくださっています。ぜひ、そのこだわりも堪能していただければと思います。

また、エクスナレッジの編集担当である佐藤美星さんにも今回またお世話になり、和のテイストを織り込んだ、素敵な一冊に仕上げてくださいました。『タカラヅカの解剖図鑑　詳説世界史』でも大人気だった「妄想劇場」、今回も思いっきり妄想させていただいておりますが、こちらの原案は佐藤さんのものであることを申し添えておきます。

監修をお願いした藤田憲宏先生には、各章にて的確なご指摘をいただきました。まえがきのところで「時代を貫くタテの線をしっかり見せていきたい」と書きましたが、こうした方向性が生まれたのも藤田先生のアドバイスの賜物です。タカラヅカ作品を入り口として日本史の世界に興味を持ち、学ぶのにぴったりの一冊となりましたので、是非ご活用ください。

１９１４年に誕生した宝塚歌劇は、今では日本文化の一端となりました。日本文化史にこれからもタカラヅカが彩りを添え続けてくれることを、心から願っています。

中本千晶

監修者あとがき

現在の高校生が履修する日本史の科目名は「日本史探究」である。既に高校を卒業された方にとってはお馴染みの「日本史」、「日本史Ａ」、「日本史Ｂ」という科目はない。また、「日本史探究」を履修するためには、前年までに「歴史総合」を履修しなければならない。その学習内容は暗記にとどまらず自ら問いを立てたり資料をもとに考察したりするなど、主体的な学習が求められている。本書を手にされた方はタカラヅカもしくは日本史のいずれか、あるいは双方に興味を持っている方も多いのではないかと思われる。作品を通して史実に興味を持たれた方は、史実と比較したり、作中でなぜこのような演出、描かれ方をしているのかなどを考察したりするのも新たな楽しみとなるだろう。本書を機にタカラヅカと日本史の双方のファンが増えることを願っている。

藤田憲宏

主要参考文献一覧

◆『詳説日本史』山川出版社、2023年
◆『日本史用語集 改訂版』山川出版社、2018年

◆ 池田文庫(編)『宝塚歌劇における民俗芸能と渡辺武雄』池田文庫、2011年
◆ 石井倫子『能・狂言の基礎知識』角川書店、2009年
◆ 江藤茂博(編)『宝塚歌劇団スタディーズ』戎光祥出版、2007年
◆ 大塚初重『邪馬台国をとらえなおす』講談社現代新書、2012年
◆ 浦池明宏『邪馬大国は「朱の王国」だった』文春新書、2018年
◆ 神田千里『島原の乱』中公新書、2005年
◆ 呉座勇一『応仁の乱　戦国時代を生んだ大乱』中公新書、2016年
◆ 宝塚歌劇検定委員会(編)『宝塚歌劇検定 公式基礎ガイド2010』
阪急コミュニケーションズ、2010年
◆ 玉岡かおる『タカラジェンヌの太平洋戦争』新潮新書、2004年
◆ 橋本雅夫『すみれの花は嵐を越えて　宝塚歌劇の昭和史』読売新聞社、1993年
◆ B・M・ボダルト＝ベイリー『ケンペルと徳川綱吉』中公新書、1994年
◆ 藤田洋(編)『歌舞伎ハンドブック』三省堂、2000年
◆ 山﨑圭一『一度読んだら絶対に忘れない日本史の教科書』SBクリエイティブ、2019年
◆ 山本博文『これが本当の「忠臣蔵」』小学館101新書、2012年
◆ 渡邉義浩『魏志倭人伝の謎を解く』中公新書、2012年

◆ 中本千晶『タカラヅカの解剖図鑑』エクスナレッジ、2019年
◆『歌劇』『宝塚GRAPH』『公演プログラム』『宝塚歌劇100年史』宝塚歌劇団
◆ 宝塚歌劇公式ホームページ　https://kageki.hankyu.co.jp/index.html

文

中本千晶　Chiaki Nakamoto

山口県周南市出身。東京大学法学部卒業後、株式会社リクルート勤務を経て独立。2023年、早稲田大学大学院文学研究科にて博士（文学）学位を取得したタカラヅカ博士。舞台芸術、とりわけ宝塚歌劇に深い関心を寄せ、独自の視点で分析し続けている。近著に『タカラヅカの解剖図鑑』『タカラヅカの解剖図鑑 詳説世界史』（エクスナレッジ）など。Yahoo!ニュースエキスパートで公演評などを執筆。日経MJ「中本千晶のレビューれびゅー」連載中。早稲田大学非常勤講師。
Xアカウント @kappanosoke

イラスト

牧彩子　Ayako Maki

1981年生まれ。京都市立芸術大学卒業後、宝塚歌劇のイラストを中心に活動中。宝塚歌劇関連書籍の挿絵などを多く手がける。『タカラヅカの解剖図鑑』『タカラヅカの解剖図鑑 詳説世界史』のイラストを担当。公演毎のツボなどもSNSで発信。自著『いつも心にタカラヅカ!!』（平凡社／2021年）好評発売中。
Xアカウント @maki_sun

監修

藤田憲宏　Norihiro Fujita

1977年生まれ。明治大学文学部卒業。明治大学大学院文学研究科日本史学専修博士前期課程修了。高校の古典の授業で学習した『大鏡』の「あきらけき鏡にあへば過ぎにしも今行く末のことも見えけり」の一首に感動し、現在に至る。日本プロ野球（特にパ・リーグ）を愛し、ライオンズを応援し続けて40年以上が経過。

タカラヅカの解剖図鑑　詳説日本史

2024年10月19日　初版第一刷発行

著者　中本千晶

イラスト　牧彩子

監修　藤田憲宏

発行者　三輪浩之

発行所　株式会社エクスナレッジ
〒106-0032 東京都港区六本木7-2-26
https://www.xknowledge.co.jp/

問合せ先　編集　Tel：03-3403-1381
Fax：03-3403-1345
info@xknowledge.co.jp
販売　Tel：03-3403-1321
Fax：03-3403-1829